LE SOCIALISME D'ÉTAT

CONFÉRENCES

FAITES AU CERCLE SAINT-SIMON

PAR

LÉON SAY

MEMBRE DE L'INSTITUT
SÉNATEUR

PARIS
CALMANN LÉVY, ÉDITEUR
ANCIENNE MAISON MICHEL LÉVY FRÈRES
3, RUE AUBER, 3

1884

LE
SOCIALISME D'ÉTAT

Bourloton. — Imprimeries réunies, A, rue Mignon, 2, Paris.

PRÉFACE

Les membres du cercle Saint-Simon m'ont demandé de leur faire une conférence sur un sujet économique. Au lieu d'une je leur en ai fait deux et c'est du Socialisme d'État que je leur ai parlé.

Je présente aujourd'hui ces conférences au public sans prétendre avoir fait un livre. Mon essai est inachevé ; j'aurais fait une troisième conférence après la seconde, que je n'aurais pas encore épuisé le sujet. Je n'en aurais même pas terminé l'histoire.

Mon but a été simplement de montrer comment on parlait de ces choses graves tout le long de notre frontière, et de provoquer des réflexions sur le défaut de méthode avec lequel on les traite dans notre pays. Si les questions qu'on appelle sociales sont le plus souvent mal posées et mal traitées, c'est qu'en cherchant à y pénétrer on s'y empêtre le plus souvent, comme disait Bersot, ce philosophe aimable qui en plein XIXe siècle avait autant d'esprit que s'il avait été du XVIIIe siècle.

Il est si facile, en effet, de s'empêtrer dans les chemins, quand on va d'Angleterre en Italie en passant par l'Allemagne.

Le Socialisme d'État est une philosophie allemande qui n'est faite ni pour les Anglo-Saxons, ni pour les Italiens. Il ne peut s'épanouir complètement qu'au nord des Alpes et à l'orient du Rhin. Légitime en Allemagne, il est bâtard partout ailleurs. Il est né chez nos voisins d'outre-Rhin de leur histoire et de leurs mœurs. Il est tout à la fois impérial et féodal, c'est-à-dire qu'il est le Benjamin de la centralisation, sans pour cela que le particularisme lui soit hostile.

J'ai fait allusion dans ma seconde conférence à un des côtés les plus curieux de l'histoire du Socialisme d'État en Allemagne, je veux parler des *moratoires,* c'est-à-dire des liquidations de dettes ou des prorogations d'échéances, qui sont la forme moderne des abolitions de dettes dont l'histoire de l'antiquité est remplie ; intervention inouïe de l'État pour régler les rapports des citoyens entre eux autrement que par de libres contrats ou même contrairement aux contrats librement consentis.

J'aurais voulu provoquer un de ces jeunes érudits, comme il y en avait tan parmi mes auditeurs, à faire l'histoire des *moratoires* ou des *indults* d'Allemagne depuis le XVIIe siècle, pour nous apprendre la part qui revient à ces procédés violents de gouvernement dans la naissance et le développement du Socialisme d'État de l'Allemagne moderne. Et pourquoi n'aurais-je pas réussi? pourquoi n'y réussirais-je pas encore aujourd'hui? pourquoi la curiosité de mes auditeurs et de mes lecteurs n'aurait-elle pas été éveillée? Est-il un sujet de travail plus intéressant que l'étude approfondie de cette matière, pour un historien, un juriste, un économiste? Le premier moratoire que célèbrent les agitateurs agraires d'aujourd'hui est celui qui a été rendu après la guerre de Trente ans, et le dernier est celui qui a suivi en Hongrie la Révolution de 1848. On nous dit que c'est en Hongrie que le prochain moratoire sera proclamé, cela ne paraît pas impossible. On verrait dans cette histoire que ces moratoires constituent une intervention de l'État poussée aussi loin que les plus audacieux réformateurs peuvent le souhaiter; c'est bien du Socialisme d'État à outrance. On n'a qu'à lire d'ailleurs, pour en être convaincu, le préambule du moratoire prussien du 19 mai 1807:

« Nous, Frédéric-Guillaume, par la grâce de Dieu roi de Prusse, faisons savoir et décidons par les présentes :

» La presente guerre ayant occasionné à nos sujets, par les contributions et les fournitures imposées, par la cherté des denrées et la stagnation des affaires qui en ont été la suite, des pertes nombreuses dans leurs ressources et dans leurs industries, et comme il peut en résulter que beaucoup d'entre eux et en particulier les grands propriétaires se trouvent dans la situation de ne pouvoir payer leurs dettes sans entraîner leur ruine, nous avons jugé nécessaire, en considération de l'indult et des exécutions judiciaires, de faire subir à l'ordre légal existant les modifications suivantes pour toutes les provinces de notre territoire. »

L'État fait aux débiteurs une situation nouvelle et favorable, et s'arroge le droit de contraindre les créanciers à subir des délais et même des retranchements.

Comment s'étonner ensuite si, dans le cours des années et en changeant de pays, les mêmes idées aient produit des résultats identiques au fond quoique contraires dans la forme, comme par exemple en Irlande ? Tandis qu'en Allemagne, en 1643, en 1807 et plus tard, on accorde aux propriétaires fonciers le droit de ne pas traiter leurs créanciers en conformité de leurs contrats librement consentis, c'est aux débiteurs des propriétaires fonciers qu'on accorde, de nos jours, en Irlande, le droit de ne pas remplir vis-à-vis d'eux les engagements qu'ils ont pris librement. Socialisme d'État au XVIIe siècle en Allemagne ; socialisme d'État au XIXe siècle en Angleterre : avec des rôles intervertis, ce sont les mêmes scènes qui se reproduisent sur des théâtres différents. Il faut écrire cette histoire-là, elle est instructive.

On a fait certainement des histoires du Socialisme, mais il faut en faire une nouvelle dont l'objet sera de nous préparer aux discussions qui vont se renouveler sans cesse et prendre désormais chez nous toutes les formes qu'elles ont prises ailleurs. Il faut que la jeunesse studieuse prépare de bons dossiers aux orateurs qui prendront part aux grands débats qui vont sans aucun doute se continuer et qui se prolongeront infailliblement pendant plusieurs années.

J'aurais atteint mon but si en publiant mes conférences j'avais montré un horizon de travail à cette jeune génération, si pleine d'ardeur et si bien préparée par des études fortes, que l'on voit grandir aujourd'hui et qui me paraît devoir l'emporter par l'amour du travail et la largeur d'esprit sur celle qui l'a précédée.

Il faut qu'on nous fasse connaître l'étranger par des traductions, des analyses, des biographies.

On cite bien souvent ce vers charmant :

Plus je vis l'étranger plus j'aimai mon pays.

Il y a bien des manières de comprendre l'idée qu'il exprime, et la meilleure est celle-ci :

Il faut voir l'étranger, l'étudier, le comprendre, pour agrandir la sphère de notre expérience et ramener chez nous tout ce qui se fait de bon au dehors, afin de rendre notre pays meilleur, plus grand, plus fort, plus digne enfin d'être aimé.

La fureur d'importer les habitudes d'un autre pays dans le sien devient quelquefois une manie ; il faut se garer de cette manie. Il est facile de s'en préserver d'ailleurs quand on procède scientifiquement et sans parti pris. Si c'est moins simple, c'est plus sûr.

Quoi de plus simple en effet que de ramasser dans un voyage une plante parce qu'on la trouve belle, et de l'emporter pour en orner son jardin? Mais quoi de moins sûr que de tenter une semblable acclimatation si on n'a fait aucune observation préalable sur le sol et sur le ciel ; si on n'a pas consulté auparavant dans le pays de la belle plante le baromètre et le thermomètre ; si on n'a pas enfin recueilli assez d'indications pour pouvoir créer chez soi, à la plante transplantée, des conditions d'existence semblables à celles dont elle jouissait dans son pays d'origine ?

Il en est des lois comme des plantes : il leur faut un sol favorable et des conditions naturelles de développement. Or le sol et les conditions favorables ne se trouvent pas partout.

Aussi n'est-ce pas sur ce genre d'importation que nous appelons l'attention des hommes d'étude auxquels nous faisons appel.

Ce qu'il faut emprunter aux nations voisines, ce sont avant tout leurs bonnes méthodes, quand elles en ont. Les bonnes méthodes forment partout les esprits avec le même succès, parce que l'esprit humain est un terrain universel dans lequel les mêmes semences produisent les mêmes effets.

Comment peut-on agir sur les esprits de ses concitoyens, comment peut-on éclairer les populations sur leur intérêt véritable et permanent? Il est bon pour le savoir de faire une enquête universelle.

On apprend à faire la guerre chez soi en étudiant les campagnes de l'étranger. Combien serait-il intéressant pour nous de connaître dans le détail la nature et l'étendue de l'action, sur leurs concitoyens, des hommes dont j'ai souvent cité les noms dans mon étude, comme MM. Gladstone, Fawcett, Goschen, Luzzatti, de Bismarck, le professeur Wagner, le professeur Brentano.

Mais leur action dépend de leur méthode, et leur méthode c'est eux-mêmes, c'est leur vie, c'est leur propagande, c'est leur œuvre. Je voudrais qu'on nous fît connaître leur vie et leur œuvre dans des biographies développées, analogues à celles qu'on publie en Angleterre, comme la vie de Cobden par John Morley, ou celle de M. Gladstone, par George Barnett Smith.

Que n'a-t-on pas fait ce travail sur MM. Goschen et Luzzatti? Comment ces deux hommes d'État entendent-ils la lutte? et quelle est leur action? Comme il serait intéressant de surprendre le secret de leur influence. Ils ont, cela est certain, tous les deux une grande faculté de généralisation ; ils ont l'un et l'autre assez de hauteur dans l'esprit pour s'élever au-dessus des incidents de la vie politique usuelle; mais ce qui les caractérise, ce qui est le sceau de leur puissance, c'est qu'ils se rendent admirablement compte du courant par lequel ils sont emportés en même temps que la société tout entière à laquelle ils appartiennent. En un mot, ils savent ce que c'est que la démocratie; ils n'ont pas pour elle de faiblesse, mais ils n'en contestent ni la légitimité ni la puissance.

Ceux qui ne comprennent pas la démocratie n'ont rien à nous apprendre ; ils n'appartiennent pas au monde des vivants.

La démocratie n'est pas un fait à juger, à discuter, à blâmer ou à louer ; c'est une atmosphère. Ce n'est pas une bonne ou une mauvaise chose à rechercher ou à éviter ; c'est un milieu existant. Il est absolument oiseux de la discuter, il faut la voir et en être pénétré. On ne peut parler du Socialisme d'État ou de tout autre problème économique et social que si on est à ce point de vue. MM. Goschen et Luzzatti se placent en plein courant ; c'est du milieu de ce courant qu'ils se rendent compte des choses. Ils n'ignorent rien de ce que la démocratie peut faire naître ou mourir, ils la prennent telle qu'elle est ; mais ce qu'ils s'efforcent d'établir, c'est que la liberté, l'initiative, la prévoyance individuelles peuvent, dans l'atmosphère même de la démocratie, trouver encore un air respirable et un principe de développement. C'est à cette recherche qu'ils se consacrent principalement, et ils sont arrivés dans cet ordre d'idées à des résultats remarquables.

Quoi de plus profond, par exemple, que cette observation de M. Goschen, que la démocratie a une confiance exagérée dans l'action de l'État et une défiance non moins exagérée dans les agents qui sont chargés d'exercer cette action.

Comme on entrevoit bien la possibilité de diriger ces deux principes contraires de façon à ce qu'ils se neutralisent au profit de la liberté, et combien il est intéressant d'étudier les cas dans lesquels cette contradiction a produit des résultats de nature à forcer le Socialisme d'État lui-même à reculer devant une nécessité sociale.

M. Goschen nous apprend par exemple,

en passant, que la loi pour la protection des marins, quoique appliquée par des hommes qui avaient à cœur de la faire réussir, n'a pas produit les résultats qu'on en attendait, et qu'il faut pour ainsi dire la faire comparaître devant les législateurs qui l'ont imaginée pour être jugée et transformée.

Rien n'est plus naturel que de protéger la vie des marins contre le danger que leur font courir inhumainement les armateurs quand ils mettent à la mer des navires mal construits, mal aménagés, mal ou trop chargés.

On a voulu instituer une surveillance de l'État et on a fait disparaître la responsabilité individuelle des armateurs. La garantie de la responsabilité individuelle a cessé de produire ses effets et l'action de l'État n'a rien produit du tout.

Il faut lire les travaux de M. Chamberlain et du Board of Trade, et les enquêtes qui ont été faites sur les inconvénients de la loi Plimsoll. Le Parlement sera saisi dans le cours de la prochaine session de modifications considérables à apporter à la législation actuelle.

Le nombre des bâtiments qui sortent de la Tyne, pendant un jour d'affaires, n'est pas moindre de 70, et ceux qui sortent de la Mersey et des autres ports ne sont pas moins nombreux.

Le nombre des navires qui partent de Londres un jour ordinaire dépasse 200, et un jour chargé, 300 ; et M. Chamberlain s'écrie : « Une véritable armée de savants » ne pourrait pas remplir complètement

» des devoirs aussi étendus. Avec un » nombre d'agents limité comme celui » dont dispose le Board of Trade, il n'est » possible d'intervenir que dans les cas » les plus flagrants qui s'imposent à l'at- » tention des inspecteurs. »

Je n'en finirais pas si je voulais relever toutes les difficultés qu'on a rencontrées dans l'exécution de la loi Plimsoll; aussi songe-t-on à revenir à une législation qui reposerait sur la responsabilité des armateurs et les obligerait à considérer comme leur devoir personnel ce dont on avait fait le devoir des fonctionnaires de l'État.

L'action de l'État est une force, les agents de l'État sont un mécanisme dont les frottements absorbent une partie et quelquefois la totalité de la force. Ceux qui veulent employer la force que développe l'action de l'État deviennent le plus souvent des utopistes, parce qu'ils se désintéressent des méthodes d'application et comptent pour rien les intermédiaires, c'est-à-dire les pertes que subissent toujours les forces dans leur transmission. C'est ce qui arrive à la plupart de ceux qui préconisent l'emploi des forces naturelles, comme les vents, les marées, les chutes d'eau, parce qu'elles s'offrent à l'homme avec une apparence de gratuité. Ils deviennent de purs utopistes quand ils ne tiennent pas compte des dépenses nécessaires pour capter ces forces, ni des pertes d'énergie qu'on ne peut éviter au cours de la transmission.

Dans les discours de M. Goschen comme dans ceux de M. Luzzatti, on trouve non seulement un grand nombre de faits, mais encore une analyse très ingénieuse des sentiments que font naître les faits, et on peut, en étudiant leur œuvre, suivre dans ses développements, non seulement l'histoire économique, mais aussi l'histoire morale de leur pays.

Il est difficile de faire un parallèle entre M. Goschen et M. Luzzatti ; ils sont l'un et l'autre de grands orateurs : M. Luzzatti est plus entraînant, M. Goschen est plus persuasif. M. Goschen a une abondance extraordinaire de points de vue, il analyse avec une précision étonnante, et, fidèle au principe de Descartes, il fait des revues si complètes que rien ne lui échappe. M. Luzzatti étonne par la connaissance des détails et l'élévation des points de vue. Il fait des tableaux et colore les faits par la parole. Il a des dossiers sur tout, et quand il s'élève le plus, il n'oublie pas de reprendre des forces en touchant la terre.

On ne saurait trop recommander l'étude de ses mémoires, de ses rapports au Parlement, de ses leçons, de ses discours.

En Allemagne il nous est plus difficile de trouver des alliés parce que les questions y sont posées tout autrement que chez nous. Mais il serait bien utile que quelque traducteur nous fît connaître avec des commentaires à notre usage les œuvres du professeur Brentano par exemple qui lutte avec beaucoup d'énergie contre le Socialisme d'État.

Je ne connais pour ma part que deux œuvres de M. Brentano, mais elles sont d'une portée considérable et donnent l'idée la plus haute de la valeur du professeur de l'université de Strasbourg.

Les ouvrages auxquels je fais allusion sont une histoire des corporations anglaises et une brochure développée sur la question ouvrière.

L'histoire des corporations a été publiée en anglais et a été écrite pour servir d'introduction au recueil des ordonnances et statuts des anciennes corporations d'Angleterre, publié avec les notes de Toulmin Smith sous la direction de la Société des vieux textes anglais en 1870.

Le travail sur la question ouvrière est en allemand. Il complète le premier et tire de l'histoire des ouvriers des conséquences sur leur situation actuelle, sur leurs aspirations et sur les voies par lesquelles ils pourront s'affranchir des obstacles artificiels opposés à leur développement. M. Lujo Brentano voit dans l'histoire de l'Angleterre le tableau de l'histoire ultérieure des autres nations. Pour lui la constitution des Trade Unions anglaises est le dernier mot de la liberté ouvrière.

LE

SOCIALISME D'ÉTAT

I

ANGLETERRE

Il s'est produit en Angleterre depuis trente ans un mouvement très marqué dans le sens de la centralisation et du développement des attributions de l'État, et, chose très étrange, c'est l'École de Manchester qui en est en partie responsable.

Cobden, qui a fondé l'École de Manchester, était un disciple d'Adam Smith, il en professait les doctrines les plus libérales, et c'est cependant l'École qu'il a fondée qui semble aujourd'hui le plus pousser à l'intervention de l'État dans les affaires qui étaient autrefois laissées à l'initiative privée.

La raison en est moins difficile à discerner qu'on ne pourrait le croire au premier abord. Cobden a plutôt fondé une École démocratique qu'une École économique. Il était avant tout un grand démocrate, un agitateur ; ce que voulaient ceux qui le suivaient, c'était surtout qu'il fondât la démocratie sur l'abaissement de l'aristocratie, qu'il détruisît tout ce qui restait encore de privilèges féodaux aux grands propriétaires fonciers. Cela est si vrai, qu'on ne peut classer Cobden dans aucun parti et qu'on est obligé de reconnaître qu'il les a tous détruits. Il est tout à fait en dehors des deux grands partis qui en Angleterre se sont, pendant un si grand nombre d'années, disputé le pouvoir. Il n'était ni whig ni tory. Il est devenu l'allié du parti libéral et des whigs sans se laisser jamais absorber par eux, et ce n'est pas sans avoir traversé des crises violentes que leur alliance a été conclue et maintenue. Il est curieux de voir à quel point ses rapports personnels étaient difficiles avec tous les hommes politiques qui croyaient se servir de lui et dont, en fin de compte, il s'est toujours servi. Il n'a jamais subi la discipline de lord Palmerston ni celle de lord John Russell, et, avant de s'associer aux réformes de Robert Peel, il a eu avec cet homme d'État les querelles les plus retentissantes. Il est facile de trouver dans la vie de Cobden la preuve de ce que j'avance, et quelques faits suffiront pour en établir la vérité.

On pouvait croire, par exemple, que les

tentatives libérales de Robert Peel auraient rapproché de lui Cobden : c'est une erreur.

Dans le grand budget qu'il déposa en 1842 sur la table de la Chambre des Communes, Robert Peel avait pris pour base le remplacement d'un grand nombre de droits de douane par un impôt direct sur le revenu. Il abaissait les droits de douane sur 750 articles : il voulait réduire pour ainsi dire à rien les droits d'entrée sur les matières premières et sur ceux des produits fabriqués qui constituent une matière première pour l'industrie, et il remplaçait les droits prohibitifs sur les produits fabriqués par des droits qui permettaient à la concurrence de s'exercer entre les producteurs du dedans et ceux du dehors. Il espérait diminuer ainsi le prix des objets de consommation. C'est le bon marché de la vie des ouvriers qu'il avait en vue. Il est vrai qu'il n'affranchissait entièrement ni les viandes fraîches ou salées, ni le blé, mais il accordait aux consommateurs un abaissement de moitié sur les droits. Quant à l'impôt sur le sucre, il ne le maintenait que par des raisons fiscales. C'était un pas considérable fait dans le sens de Cobden. Personne ne peut mettre en doute aujourd'hui que Robert Peel n'ait inauguré alors une ère nouvelle dans laquelle le libre-échange devait régner en maître. Et pourtant Cobden se montra, au moment où ce budget célèbre fut produit, profondément irrité. C'était pour lui une demi-mesure inacceptable, puisqu'elle était incomplète et qu'elle venait d'un ancien tory.

« Que disent vos gens sages de l'*income-tax* de Robert Peel? écrivait-il à son frère. Comment nos filateurs et nos marchands accueilleront-ils l'idée de payer

1,200,000 livres par an sur leurs bénéfices pour aider au maintien du monopole du blé et du sucre? » Son éloignement pour Peel était tel, à cette époque, qu'il y eut un soir entre eux une véritable scène de violence en plein Parlement, et cette scène mérite d'être racontée.

C'était au commencement de la session de 1843. Quelques jours avant la réunion du Parlement, le secrétaire de Robert Peel, M. Drummond, avait été assassiné; on avait cru entrevoir, au cours du procès, que l'assassin avait pris le secrétaire pour Robert Peel et que c'était à la vie du premier ministre qu'il en voulait. Ce drame terrible avait fait une profonde impression sur Peel et l'avait laissé extrêmement irrité des attaques dont il était l'objet et qui lui paraissaient avoir pour but de le désigner à la vengeance des sectaires. Il ne pardonnait pas à Cobden l'agitation poursuivie par la Ligue contre les lois sur les céréales dans les districts manufacturiers, agitation qui devait à si bref délai en assurer le triomphe définitif. A l'ouverture de la session, les représentants des districts manufacturiers demandèrent au Parlement d'ouvrir une enquête sur la crise terrible qui sévissait en ce moment sur l'industrie anglaise et qui réduisait à la misère des milliers d'ouvriers. Ce fut pour Cobden une occasion d'attaquer le premier ministre avec une vigueur inouïe. Il lui reprochait d'avoir maintenu les droits sur deux produits que le peuple désirait voir affranchir, tandis qu'il apportait au régime douanier des autres produits des modifications sans importance pour le bien du pays. « C'est de la folie ou de l'ignorance, ajouta-t-il, de réformer notre système douanier en laissant de côté le sucre et le blé, et c'est le devoir de tout membre honnête et indépendant de rendre le premier ministre personnellement responsable du présent état du pays. » A ces mots, Robert Peel, saisi de colère, se lève de son banc et s'écrie d'un ton qui trahit l'émotion la plus vive : « L'honorable gentleman a dit ici ce qu'il a dit plus d'une fois dans les réunions de la Ligue contre les lois sur les céréales, qu'il me rendait moi-même personnellement, » — et, sa colère grandissant, il s'arrête un moment pour reprendre ensuite : « oui, personnellement responsable de la détresse et des souffrances du pays. Quelles que puissent être les conséquences de ces insinuations, jamais je n'adopterai sous l'influence des menaces une ligne de conduite... » Il s'arrête de nouveau sous le coup de l'émotion et de la colère ; il n'achève pas sa phrase ; la Chambre entière est comme soulevée par cet orage et se tourne contre Cobden, qui ne peut obtenir qu'on lui permette de s'expliquer. Ce n'est que longtemps après que lord John Russell put ramener le calme dans la Chambre en interprétant dans un sens général les paroles de Cobden.

Robert Peel appartenait encore, il est vrai, au parti tory, mais on pouvait croire qu'il désorganisait son parti pour bien longtemps. Il semblait que son attitude éclectique dût le rapprocher de Cobden, tandis que les grands conservateurs, comme le duc de Buckingham et Wellington, en étaient séparés par des abîmes. La lutte de Cobden contre Peel était donc beaucoup plus étrange que celle qu'il n'a jamais cessé de poursuivre contre Wellington. Il est certain qu'il ne se gênait guère pour accabler, dans les meetings de la Ligue, le « Duc de Fer », comme on appelait Wellington, de ses sarcasmes pleins d'humour. « J'honore, disait-il, le duc pour son courage, sa résolution, son indomptable persévérance, mais permettez-moi de lui dire que, malgré toutes ses victoires sur les champs de bataille, il n'est jamais entré en lutte avec un Anglais sans avoir été battu. » Si le grand agitateur ne ménageait ni les tories purs, ni les amis de Robert Peel, ni Robert Peel lui-même, il ne s'était pas inféodé pour cela à leurs adversaires naturels, c'est-à-dire aux whigs. Dans la séance du 17 février 1842 il s'était exprimé sans ambages : « Je ne me soucie pas plus des whigs que des tories, » avait-il dit. Il se défiait de lord John Russell et ne fut même pas désarmé tout de suite par l'éclatante adhésion au rappel total des lois sur les céréales que le célèbre chef des whigs donna un jour par une lettre fameuse. Cette lettre, disait Cobden, d'un ton méprisant, a fait du plus obscur le plus populaire et le plus en vue des hommes d'État. Au fond il aimait mieux Peel que Russell, et, vers 1846, il écrivait à M. Combe : « Je confesse que je n'ai pas la même confiance en lord John et les whigs. Lord John et son parti ne comprennent pas aussi bien le sujet que Peel. » Quant à Palmerston, cet homme d'État puissant, mais étroitement passionné, il représentait un système actif de politique étrangère, absolument opposé aux doctrines passives et de non-intervention absolue de Cobden ; jamais les deux hommes ne se rapprochèrent sincèrement ni complètement l'un de l'autre.

En 1846, lord Palmerston avait offert à Cobden une place dans le cabinet qu'il était chargé de former, et Cobden, recevant cette offre au moment où il revenait des

États-Unis, écrivait à ce propos à sa femme et lui racontait les instances de ses amis pour la lui faire accepter : « Il me semble, en vérité, qu'ils sont tous devenus fous. Si je me rappelle mes opinions sur la conduite politique de Palmerston pendant les douze dernières années, opinions qui n'ont subi aucun changement, puis-je sauter sur une place à occuper sous lui, ce qui me ruinerait vis-à-vis de moi-même et me ferait perdre en dernière analyse la confiance de ceux-là mêmes qui, dans un moment d'excitation, me pressent de l'accepter ? »

Cobden n'était donc ni l'homme de Peel, ni celui de lord John Russell, ni celui de Palmerston ; il n'était ni tory, ni peelite, ni whig ; il était démocrate, et c'est par là qu'il entraînait les masses. Ses idées économiques passaient évidemment, pour la foule qui le suivait, après ses idées démocratiques. Ce n'est pas parce qu'il s'était abstenu dans le vote de la loi sur la limitation des heures de travail dans les manufactures qu'il était populaire — cette abstention avait été mal vue; — c'est parce qu'il demandait le pain à bon marché, et beaucoup de ceux qui l'acclamaient s'inquiétaient peu des lois économiques par l'application desquelles Cobden voulait amener ce résultat. C'est pour cela que l'École de Manchester peut, sans démentir son origine, se développer dans le sens d'une intervention de l'État qui n'était ni dans le goût ni dans les prévisions de Cobden.

L'École économique procède d'Adam Smith, et l'École démocratique s'en sert. Seulement, l'École démocratique, tout en s'en servant, ne se croit pas obligée de le suivre. L'École de Manchester, qui est, comme nous l'avons vu, un mélange des deux, n'a jamais eu de conviction profonde au sujet du laissez-faire et du laissez-passer ; si elle ne se rattache pas par cet aphorisme aux physiocrates, elle ne se rattache pas davantage aux économistes par cette sentence d'Adam Smith : qu'il faut donner à l'État le moins d'attributions possible. Elle n'a pas, sur les grands problèmes de cette nature, la même conviction qu'avait Cobden. La démocratie entend à sa façon la question des limites des attributions de l'État, elle les recule beaucoup au delà du point où l'École libérale et économique voudrait les arrêter. Pour l'École libérale, c'est une question économique ; il s'agit de la formule d'une loi scientifique qu'il faut déterminer avec rigueur. Pour l'École démocratique, c'est une opération politique ; il s'agit de la pratique d'un art difficile, qui est celui du gouvernement des peuples par eux-mêmes.

M. Gladstone, qui résume dans sa personne les deux Écoles, la libérale et la démocratique, et qui sera peut-être le dernier représentant de leur alliance en Angleterre, a fait en 1864 à propos des assurances ouvrières par l'État un discours extrêmement important qui fait bien connaître le véritable caractère de l'époque de transition que traverse en ce moment l'Angleterre. Si on rapproche de ce discours, prononcé il y a vingt ans, un autre discours prononcé au mois de novembre 1883 par M. Goschen sur l'intervention de l'État et un opuscule publié à la même époque par M. Fawcett, grand maître des postes en Angleterre, sur le Socialisme d'État, on peut se faire une idée très exacte du mouvement des esprits en Angleterre et des terrains sur lesquels la discussion va nécessairement continuer à se poursuivre pendant un certain nombre d'années.

Il s'agissait, en 1864, de créer une véritable Compagnie d'assurances sur la vie, garantie par l'État et gérée par les agents de l'État. Cette entreprise de l'État était limitée aux petites assurances ; elle avait seulement pour objet de constituer de petites rentes viagères immédiates ou différées au profit des ouvriers ; mais, quoique bornée dans son objet, elle s'occupait en réalité d'affaires qui jusque-là étaient restées dans le domaine de l'initiative individuelle. Ce qu'on fondait en 1864, c'était quelque chose d'analogue à la Caisse française de retraite pour la vieillesse.

M. Gladstone ne se souciait pas de faire de la théorie. Il avait vu un mal social à guérir, et, tout en proclamant qu'il était fâcheux que l'État fût amené à substituer son initiative à celle des particuliers, il en prenait résolument son parti, parce qu'il attendait de cette intervention de bons résultats pratiques.

Il y a en Angleterre un nombre considérable de sociétés de secours mutuels connues sous le nom de *Friendly Societies*. Il en existe plus de vingt-huit mille si on comprend dans le total toutes les branches détachées d'associations plus importantes, et qui sont restées affiliées à des sociétés mères.

Elles jouissent de privilèges nombreux, qu'il leur est facile d'acquérir à la condition de se faire inscrire au registre du *Registrar general*. L'inscription leur confère des avantages considérables. Elles peuvent alors acquérir des biens-fonds, ester en justice, avoir une action contre certaines fraudes dont elles peuvent être victimes ; elles ne payent pas de droits pour la délivrance des actes de naissance et de décès ; elles peuvent placer leurs fonds à un taux d'intérêt fixe et de faveur, en les versant aux commissaires de la Dette, c'est-à-dire dans une institution d'État analogue à notre Caisse des dépôts et consignations ; elles jouissent enfin de certains privilèges fiscaux pour leurs contrats d'assurances et pour le dépôt de leurs actes.

L'Angleterre est entrée beaucoup plus tôt que la France dans la voie des assurances sur la vie, et ces assurances ont été pratiquées sur une très grande échelle tout à la fois par les sociétés de secours mutuels en faveur de leurs membres, et par des compagnies d'assurances privées, soit sous forme de contrats de rentes viagères immédiates ou différées, soit sous forme de polices d'assurances en cas de mort. De nombreux abus se sont révélés dans la pratique de ces assurances ; des sociétés de secours mutuels ont été obligées de se liquider par suite de l'impossibilité où elles étaient de faire face au payement des pensions de retraite qu'elles avaient promises, sans compter qu'un grand nombre d'entreprises frauduleuses ont ramassé dans les campagnes des primes d'assurances gaspillées par ceux qui les avaient recueillies, sans aucun profit pour ceux qui les avaient payées, c'est-à-dire sans que les malheureux qui avaient confié aux agents d'assurances leurs petites épargnes aient pu obtenir en retour ni un capital, ni une rente au jour de l'échéance des polices. Ce sont ces abus que M. Gladstone voulait combattre. Il a eu soin, dans son discours de 1864, de traiter à part la question des sociétés de secours mutuels et celle des compagnies d'assurances, et il a affirmé à plusieurs reprises que c'était la situation des sociétés de secours mutuels qui avait été l'origine du projet qu'il soumettait au Parlement.

En intervenant dans la constitution des sociétés de secours mutuels, l'État en avait, suivant lui, pour ainsi dire garanti le fonctionnement régulier aux populations, et il était nécessaire de les mettre à même de réaliser un service de pensions de retraite, qu'on les avait autorisées à promettre à leurs sociétaires.

Il revient à plusieurs reprises sur cette origine de la loi qu'il soumet au Parlement. Il insiste sur les détails de la législation anglaise.

« Le Parlement, dit-il, a cru utile de charger un officier public d'enregistrer, au fur et à mesure qu'ils se présenteraient, tous les faits relatifs aux institutions de secours mutuels, et de donner un rapport annuel au gouvernement.

» Le dernier rapport annuel, imprimé et

distribué pendant l'absence du Parlement, signale un grand nombre de banqueroutes et fait ressortir en même temps les abus et les violations de la loi qui se produisent dans les sociétés de secours mutuels. Ce rapport est également rempli des plaintes formulées par un grand nombre d'habitants des campagnes sur la situation qui leur est faite par les règlements et les procédés d'exécution de ces sociétés.

» La question des sociétés de secours mutuels a pris une telle importance et a acquis un tel degré de maturité, qu'elle a donné lieu à des discussions prolongées dans la presse. Deux des plus importants journaux, le *Times* et le *Daily Telegraph*, ont publié des articles pour appeler l'attention publique sur ce qu'avaient de dangereux et de scandaleux les abus révélés dans les affaires de beaucoup de ces institutions. »

Plus tard, M. Gladstone continue ainsi :

« Une opinion a été émise, que je suis très anxieux d'approfondir. On a dit que la proposition qui vous est soumise était fondée sur un principe nouveau. Cela est-il vrai? Je crois pouvoir dire à la Chambre que le projet de loi qui lui est soumis n'est pas né de l'examen du cas des sociétés d'assurances, mais bien de celui des sociétés de secours mutuels, et à la suite des grossières erreurs, et non pas seulement des erreurs, mais à la suite des déceptions, des fraudes, des escroqueries dont a été victime la partie de la population qui a le plus besoin d'être défendue par la société en général.

» J'ai besoin de savoir ce que sont les sociétés de secours mutuels, car, à mon grand étonnement, deux des plus importantes de ces sociétés m'ont envoyé une députation pour me dire : « Nous en appe-» lons à vous pour ne pas intervenir dans » nos affaires et dans nos entreprises » privées. » Affaires privées! entreprises privées!! En vérité, ces sociétés sont virtuellement et substantiellement subventionnées par le gouvernement, et je vais vous dire comment :

» Elles reçoivent des subsides sous deux formes :

» Tout d'abord, et en ce qui concerne le plus grand nombre d'entre elles, antérieures à une certaine époque, il leur est annuellement accordé des subventions réelles en argent, sous forme d'intérêt servi à leurs capitaux à un taux supérieur à celui que nous pourrions obtenir nous-mêmes.

» Le taux d'intérêt annuel que nous sommes obligés de payer par l'intermédiaire des commissaires de la Dette nationale aux sociétés de secours mutuels existant antérieurement à 1882 est de 4 liv. st. 11 sh. pour chaque 100 liv. st. de leur argent, ce qui équivaut au payement d'une prime de 1 liv. st. 10 sh. par an sur chaque fraction de 100 liv. st. reçue en compte par l'État.

» Quant aux sociétés fondées en 1844, le taux de l'intérêt qui leur est accordé est de 3 liv. st. 16 sh., intérêt qu'il est absolument impossible d'obtenir sur le marché public.

» Je crois pouvoir affirmer en outre, et sans crainte d'être contredit, que toutes les exemptions données aux sociétés de secours mutuels ne sont autre chose que des subsides.

. . . .

» Que la Chambre me permette de lui

faire remarquer qu'il y a deux sortes de sociétés qui s'occupent des affaires dans lesquelles on nous reproche d'intervenir : les sociétés placées sous le régime de la loi sur les sociétés de secours mutuels et les sociétés qui sont en dehors de ce régime.

» Les sociétés qui ne sont pas soumises au régime de la loi doivent payer l'*income tax,* les droits de succession et l'impôt du timbre.

» Au contraire, les sociétés placées sous le régime de la loi des sociétés de secours mutuels sont exemptes des droits de timbre et des droits de succession pour toutes sommes au-dessous de 50 liv. st., et, pour les sommes de 50 liv. st. à 200 liv. st., si un sociétaire désigne à l'avance un parent pour son légataire, il assure à ce parent l'exemption des droits de timbre et de succession.

» Je soutiens donc qu'il est trop tard pour dire que nous ne sommes pas responsables en ce qui concerne les sociétés de secours mutuels.

» Elles ne font pas leurs affaires sur le principe de liberté qui autorise les citoyens à tirer le meilleur parti de ce qu'ils possèdent. L'exemption de taxes accordée à ces sociétés les place sur un pied de faveur par rapport à leurs concurrents ; par rapport au Trésor, elles sont dans la même situation que, si après leur avoir fait payer régulièrement leurs impôts, on leur en avait restitué ensuite le montant en le faisant sortir du Trésor sous la forme de subvention publique. Tel était l'état de la loi quand nous avons abordé ce projet. Nous avons le droit de dire que nous donnons tous les ans en bonne monnaie à ces sociétés un revenu de 40 ou 50 0/0 plus élevé que celui qu'elles pourraient tirer autrement de leur argent ; nous pouvons affirmer que nous les exemptons d'impôts que tous les autres citoyens sont obligés de subir; il ne nous a pas été difficile de conclure que nous étions pour une part considérable responsables de leur sûreté et de leur existence. »

Si la nécessité de donner aux sociétés de secours mutuels le moyen de remplir leurs engagements était la base de la loi, celle de protéger le petit public contre les abus de confiance des agents d'assurances constituait cependant un des objets importants du projet de M. Gladstone. La protection des intérêts de ceux qui ne peuvent se défendre eux-mêmes lui paraissait être une des attributions naturelles de l'État. M. Gladstone a rappelé à ce propos au Parlement ce qu'on avait fait au point de vue sanitaire et dans la loi sur le travail des enfants dans les manufactures, et il a signalé cette intervention comme un des caractères de l'époque actuelle. Sans se demander si on avait été trop loin dans cette voie, il constate que le Parlement a voté ces sortes de lois non pas pour obéir à des théories absolues en faveur de l'intervention de l'État, mais sous l'impression de maux extrêmement graves auxquels il fallait remédier.

« Telles sont, ajoute-t-il, les limites précises du plan que j'expose et défends en ce moment devant la Chambre. Je ne nie pas que ce ne soit de l'intervention gouvernementale, je ne nie pas qu'il faille s'en excuser et s'en justifier ; mais je nie qu'il faille être effrayé des clameurs poussées par nos adversaires contre la centralisation, contre l'extension illégitime des pouvoirs de l'État. Ces clameurs ne doivent pas nous empêcher d'examiner les vrais avantages de la proposition, de reconnaître la situation dans laquelle nous nous trouvons, d'accomplir vis-à-vis de nos constituants les devoirs que nous avons contractés envers eux. Tout ce qu'il faut démontrer, c'est que ce que vous propose le gouvernement, il peut le faire avec sûreté, il peut le faire avec justice. »

La plus grande partie du reste de son discours est alors consacrée à étudier le fonctionnement des assurances sur la vie, la différence qui existe entre cette sorte d'affaires et les autres affaires commerciales, les abus qui peuvent en provenir, et les difficultés que rencontre le public quand il veut se défendre contre des entreprises malhonnêtes.

« Il se commet, dit-il, dans les assurances ouvrières, de pures voleries; j'irai plus loin, et je dirai qu'il y a de ces actes qui sont pires qu'une pure volerie, et qu'il y a dans ces affaires des hommes qui n'ont jamais vu l'intérieur d'une prison, et qui y auraient leur place marquée plus justement que des gredins qui ont été condamnés dix fois. »

C'est toujours le fait qui domine, et M. Gladstone, s'il s'excuse, le fait en se référant aux précédents. Il rattache d'ailleurs le système des petites assurances à celui des caisses d'épargne postales qui venaient d'être instituées deux ans auparavant, et, en considérant les deux choses au même point de vue, il n'avait pas tort.

Une caisse de retraite est une caisse d'épargne. On y verse au fur et à mesure qu'on les réalise les économies qu'on a pu faire ; on les augmente par la capitalisation des intérêts. La seule différence entre la caisse de retraite et la caisse d'épargne, c'est que dans la caisse d'épargne on conserve la liberté d'employer ses épargnes quand on le veut et comme on le veut, tandis que dans la caisse de retraite on se lie à l'avance, on s'oblige à n'employer ses épargnes que pour se créer un revenu dans la vieillesse. M. Gladstone rattachait également, non sans raison, la création qu'il proposait de petites rentes viagères à une autre législation beaucoup plus ancienne.

Depuis 1808 l'État vendait des rentes viagères et s'en faisait payer par la remise de rentes perpétuelles. On échangeait ainsi des annuités perpétuelles contre des annuités temporaires ; c'était pour le Trésor un moyen de limiter la durée de la dette et de l'amortir petit à petit dans une certaine mesure. Ce que M. Gladstone proposait en 1864 dans la loi sur les assurances ouvrières, c'était un procédé pour faire vendre par l'État de petites rentes viagères. On pouvait donc dire que c'était la continuation ou l'extension du système d'amortissement créé sous George III et dont l'objet était de remplacer des engagements sans fin par des engagements limités.

M. Goschen, que nous trouverons vingt ans plus tard très préoccupé des progrès du Socialisme d'État, prit la parole dans la discussion de 1864. Il trouvait naturel qu'on se préoccupât de l'extension des pouvoirs de l'État, mais il demandait qu'on ne poussât pas ce qu'il appelait l'*argument doctrinaire* au delà des limites raisonnables. Il trouvait que, sans intervenir pour restreindre la liberté des gens, on pouvait venir au secours de ceux qui avaient montré qu'ils étaient capables de s'aider eux-mêmes, mais dont les efforts étaient insuffisants.

Il ne s'inquiétait pas du reproche qu'on faisait à M. Gladstone de transformer le gouvernement constitutionnel en gouvernement *paternel,* et, sans s'expliquer à cet égard, il posait les bases d'une distinction qu'il a faite plus tard entre les gouvernements paternels et les gouvernements des pays par eux-mêmes, c'est-à-dire les gouvernements nationaux.

« On a dit, — ce sont les propres paroles de M. Goschen prononcées dans la séance du 17 mars 1864, — on a dit que le projet actuel a une tendance à la centralisation, que c'est quelque chose de nouveau, que c'est antianglais. Eh quoi! les Anglo-Saxons n'étaient-ils pas obligés d'assurer non seulement leurs propriétés contre le vol, mais encore leur âme contre la perdition éternelle? Je ne désire pas m'arrêter d'ailleurs à cet argument antique, et j'espère qu'on ne poussera pas aux dernières limites l'*argument doctrinaire*. Je reconnais que le gouvernement ne doit jamais intervenir quand une entreprise privée peut faire la chose aussi bien qu'il la ferait. J'accepte la proposition du gouvernement, parce que je doute que les sociétés de secours mutuels puissent faire aussi bien que lui ce qu'il se propose de faire. Le gouvernement offre de donner une chose que personne autre que lui ne peut donner aux sociétés de secours mutuels : la sécurité absolue. »

La loi a été votée ; elle a été mise à exécution, mais il faut dire qu'elle n'a pas eu les résultats qu'en attendait M. Gladstone. Les affaires d'assurances de l'État ne se sont pas développées. On a changé souvent la loi, on a fait, en 1882, des enquêtes et on n'est pas arrivé à grand'chose. Tout le monde a reconnu dans l'enquête que le but poursuivi n'avait pas été atteint et que c'était par la raison que l'État avait voulu faire le commerce sans être suffisamment commerçant, ne sachant pas aller au-devant de la clientèle et ne lui arrachant pas les affaires par la persistance et l'action personnelle de ses agents.

Pendant la période de vingt ans qui s'est écoulée sans que les assurances de l'État aient pris de développement, l'industrie privée, au contraire, a fait d'énormes progrès. Il y a aujourd'hui, en Angleterre, une Société privée qui assure les petites sommes et recueille les versements les plus modiques pour les capitaliser et payer plus tard des capitaux ou des rentes.

M. Gladstone avait dit que l'État ne devait entreprendre que les affaires qui ne pouvaient pas être faites aussi bien par l'industrie privée. Il semble aujourd'hui que l'industrie privée a fait dans cette matière ses preuves, du moins en Angleterre, et que l'action de l'État est devenue par là sans objet si on s'en tient à la théorie de M. Gladstone.

Il faut maintenant franchir un espace de près de vingt années. Le mouvement dans le sens de la centralisation et de l'intervention gouvernementale s'est beaucoup accentué en Angleterre. Les difficultés de l'Irlande ont soulevé en Angleterre même la question agraire, et le Socialisme d'État, sous l'impulsion vigoureuse du prince de Bismarck, a pris une place dominante dans le système de la politique continentale. M. Goschen est toujours sur la brèche, mais il est moins impassible qu'il y a vingt ans. Il est préoccupé, il s'alarme; il demande à ses concitoyens de faire de sérieuses réflexions sur le mouvement qui les entraîne. Nous allons le suivre à Édimbourg. Il a prononcé, le 2 novembre 1883, un grand discours à l'Institution philosophique devant un auditoire considérable. Le sujet de ce discours était le « laissez faire » et l'intervention de l'État.

M. Goschen commence par considérer les événements qui se sont produits d'année en année, les lois qui ont été rendues par les divers Parlements, les publications qui se sont succédé sur les matières économiques, et il voit se rétrécir de plus en plus les limites dans lesquelles se meut le principe du « laissez faire ». Ce qu'il y a de grave, selon lui, ce n'est pas que l'État entreprenne des affaires nouvelles, comme la télégraphie, les rentes viagères, les mandats-poste, les colis postaux; mais c'est surtout qu'il intervienne de plus en plus pour régler les relations des citoyens les uns avec les autres; ce qui est préoccupant, c'est la substitution de la conscience sociale et du sens moral des hommes réunis, à la conscience et au sens moral individuels.

L'opinion publique ou des lois positives ont signifié que le temps du « laissez faire » était passé, aux parents dans l'éducation de leurs enfants, aux maîtres dans la conduite de leurs ouvriers, aux constructeurs de navires dans la construction de leurs bâtiments, aux armateurs dans le traitement de leurs matelots, aux propriétaires urbains dans l'administration de leurs maisons, aux propriétaires fonciers dans la discussion de leurs baux avec leurs fermiers.

L'État a déterminé ce qui est bien et ce qui est mal, ce qui est expédient et ce qui est inexpédient, et il a nommé des agents chargés de donner une sanction à ses opinions et à ses jugements.

Quelques-unes des plus hautes obligations de l'humanité, quelques-unes des plus petites affaires de la vie de chaque jour, quelques-unes des opérations les plus compliquées de l'industrie et de l'agriculture ont été prises en main par l'État ; la responsabilité individuelle a été amoindrie, la responsabilité nationale a été élargie, et on a placé sa confiance dans l'efficacité de nouvelles forces et dans l'application de nouveaux principes.

M. Goschen, pendant qu'il fait ce tableau des changements survenus dans l'attitude du public anglais vis-à-vis du « laissez faire », ne peut s'empêcher de faire des réflexions bien justes sur la façon dont cette formule a été introduite dans le monde. Ce ne sont pas des théoriciens durs et impassibles ni des économistes sans chaleur qui ont inventé le « laissez faire » et qui en ont fait la fortune dans ce monde. Ce sont les physiocrates du XVIIIe siècle, c'est-à-dire une école ardente et presque révolutionnaire de réformateurs sociaux et de philosophes.

M. Goschen cherche à se rendre compte des causes de ces nouveautés. Il croit les trouver non seulement dans le développement de la démocratie, mais encore dans un état nouveau de la conscience générale. La tendance à accroître les pouvoirs de l'État n'est pas uniquement, selon lui, une conception économique ; ainsi, dans les lois sur les manufactures et dans les lois sur l'éducation, c'est pour l'amour du bien et non pas pour l'amour du développement des richesses qu'on a donné aux inspecteurs de l'État des pouvoirs inouïs qui les autorisent à remplacer le père et la mère dans l'éducation des enfants, dans la surveillance de leur travail et dans le soin de leur santé.

C'est ce même réveil de la conscience publique qui a, selon lui, produit en Angleterre les lois sur les navires et les matelots, sur les accidents dans les mines et les manufactures, sur la diminution des heures de travail, sur l'emploi des femmes et des enfants dans les travaux souterrains et sur les logements insalubres.

La campagne de M. Plimsoll sur la nécessité de surveiller les bâtiments de mer ne s'appuyait que sur des raisons morales. Le public et le Parlement avaient été émus et réellement épouvantés du nombre de marins qui perdaient la vie chaque année par suite du mauvais état des navires ; il fallait arrêter à tout prix cette effroyable consommation d'hommes ; l'État devait agir, à l'État seul on devait faire confiance, la doctrine du « laissez faire » était en défaut, il fallait recourir à celle de l'intervention. M. Goschen affirme que le but de M. Plimsoll n'a pas été atteint. Tout le monde a travaillé de cœur au succès de la loi, mais, si on en croit les rapports et les enquêtes, le résultat est nul, ou pire que nul; la responsabilité individuelle a été brisée et l'État n'a pas pu faire mieux.

Le mouvement des sociétés de tempérance est un exemple du même genre. Les maux produits par les dégradants effets de l'ivrognerie, les sympathies éveillées en faveur d'innocents souffrant du vice des autres, le dégoût de cette permanence dans une sorte de scandale national ont eu une influence décisive, et ont rendu nécessaire une législation qui eût été impossible il y a quelques années.

M. Goschen trouve une autre raison morale au progrès de la doctrine d'intervention ; il ne dit plus, comme il y a vingt ans : « Ne nous arrêtons pas aux arguments doctrinaires, ne les poussons pas jusqu'au bout, » il est obligé, aujourd'hui, en 1883, de compter avec les doctrines nouvelles et de reconnaître que ces doctrines, dont il ne s'inquiétait peut-être pas assez en 1864, exercent sur les esprits une action puissante.

Ce qu'on reproche au « laissez faire », dit-il, c'est que, s'il assure le développement de la production des richesses, il ne permet pas que la distribution en soit équitable.

On trouve que la liberté individuelle aboutit à des abus auxquels seul l'État peut porter remède. Certaines classes sont prospères et s'enrichissent de plus en plus, d'autres n'ont pas prospéré autant, d'autres enfin n'ont pas prospéré du tout.

Cette inégalité dans le progrès est arrivée

sous l'empire du « laissez faire »; on demande que l'État prenne le rôle dans lequel la liberté naturelle n'a pas réussi.

L'agitation agraire, qui n'est pas limitée à l'Irlande, mais qui s'est répandue en Angleterre et en Écosse, n'a été et n'est encore qu'une insurrection contre le principe du « laissez faire », parce que, dit-on, la doctrine du « laissez faire » n'a pas pu rendre justice aux fermiers dans la distribution des profits de l'association entre le capital et le travail.

Et cependant, cette question des rapports du propriétaire et de son fermier a donné lieu à des discussions moins graves que celles relatives aux rapports qui existent entre les propriétaires et la communauté en général. L'accroissement de richesse des propriétaires de terrains à bâtir a été dénoncé comme un des malheurs sociaux et économiques les plus graves qu'ait eu à subir la société moderne.

M. Goschen remarque que ce point de vue n'est pas propre aux réformateurs européens, et qu'il est discuté avec passiou, même dans les pays où la terre ne manque pas, comme aux États-Unis, et peut être appropriée facilement.

Il fait allusion, à ce propos, au livre de M. George, livre dont M. Fawcett a dit que, de toutes les publications récentes, c'était peut-être celle qui avait eu le plus de lecteurs en Angleterre.

« Est-il juste, a dit M. George, qu'en Californie ou dans tout autre pays neuf, des individus puissent acheter des emplacements et s'assurer de vastes étendues pour spéculer sur la communauté, qui a besoin de bâtir une ville et l'obliger à leur abandonner des profits incalculables pour obtenir d'eux la cession des terrains? » On a proposé de venir à bout de ces sortes de spéculations par un système de taxes, et de se servir de l'impôt pour régler la distribution des richesses, non seulement dans la question des terres, mais encore dans celle des héritages, faisant par là obstacle aux accumulations de richesse dans une seule main. La liberté testamentaire pourrait être entravée par une savante combinaison d'impôts. Une judicieuse revision des droits de succession pourrait être la réponse de la communauté au mourant qui s'écrierait : « Laissez-moi faire! »

A mesure que la société devient plus complexe, plus encombrée, à mesure que les intérêts entrent de plus en plus en conflit les uns avec les autres, il s'élève un cri de plus en plus fort pour demander une réglementation de plus en plus minutieuse.

Il y a quelques années, le mouvement des transports dans les rues de Londres se réglait de lui-même; mais quand les embarras de voitures sont devenus inextricables, quand les accidents se sont multipliés dans les rues, on a demandé à grands cris la police; les cochers ont été mis au pas et arrêtés; les charretiers ont été dirigés; les piétons traversant les rues ont été protégés; des refuges ont été construits et la liberté de la circulation a cessé d'exister.

M. Goschen se demande pourquoi, tandis que la démocratie produisait de semblables effets en Angleterre, elle n'arrivait pas aux mêmes conséquences en Amérique, et il croit en avoir trouvé la raison dans un élément philanthropique et sentimental qui a toujours été dominant dans la mère patrie.

Mais nous pouvons nous demander si

cette opposition qu'il a cru remarquer est aussi réelle qu'il se l'imagine, et s'il existe autant de différence qu'il le croit, entre l'Angleterre et les nations de l'Europe ensuite. Le mouvement protectionniste qui s'est si violemment emparé des esprits aux États-Unis et dans beaucoup de pays de langue anglaise n'est, à mon sens, qu'une des formes de la tendance de l'esprit démocratique à l'intervention de l'État.

D'ailleurs, la question sociale n'est pas une question anglaise ; on la trouve posée dans des termes infiniment plus graves en Allemagne, dans cette patrie du Socialisme d'État, où l'application s'en poursuit avec tout un cortège de doctrines politiques et économiques qui ne laisse rien à désirer aux réformateurs les plus audacieux des Écoles anglaises.

M. Goschen remarque que la confiance dans l'action de l'État, substituée à la confiance qu'on avait autrefois dans la liberté individuelle, tient aux modifications essentielles qui se sont produites dans l'organisation de l'État. Des changements dans la distribution des pouvoirs politiques ont amené des changements dans la manière dont on a considéré l'action de l'État, et c'est là, à mon sens, une raison bien plus puissante du progrès de l'interventionisme que l'état plus ou moins sentimental des âmes anglaises.

Un contrôle exercé par un gouvernement oligarchique aurait répugné au sentiment des classes commerçantes, et un contrôle par le Parlement — c'est M. Goschen qui le dit — par un Parlement nommé principalement sous l'influence des classes capitalistes n'aurait inspiré que peu de confiance à la masse du peuple.

M. Goschen, laissant de côté la sentimentalité particulière aux Anglo-Saxons, ne trouve pas extraordinaire d'ailleurs que la démocratie, en s'éveillant, demande à l'État d'agir en sa faveur.

Il revient sur une accusation qu'on avait portée contre M. Gladstone, il y a vingt ans, quand on lui reprochait, à propos des assurances ouvrières par l'État, de vouloir changer le gouvernement constitutionnel de l'Angleterre en un gouvernement paternel. « Tant que la législation sur l'intervention gouvernementale, ajoute-t-il, a pu être regardée simplement comme une législation paternelle, elle a excité non pas de la confiance, mais de la défiance; quand, au contraire, on a pu invoquer l'État, non pas à titre de père ni à titre de maître bienfaisant, mais comme un agent ou plutôt comme un serviteur de la volonté du peuple, tout a changé. A ce point de vue, le mouvement est essentiellement démocratique. »

Je ne puis m'empêcher de rapprocher cette partie du discours de M. Goschen d'un discours dont j'ai souvent parlé, et dont je parlerai souvent encore, à cause de ses vues profondes et prophétiques : c'est le discours que M. de Rémusat a prononcé à la Chambre des députés sous le gouvernement de Juillet, le 20 janvier 1832, sur l'accroissement nécessaire des dépenses dans ce qu'il appelait les gouvernements nationaux.

Ce que M. de Rémusat appelait un gouvernement national, c'est le gouvernement du pays par le pays.

« Au temps passé, disait-il, le pouvoir absolu se voyait quelquefois forcé de demander des subsides soit aux États généraux, soit à des corporations, tantôt à titre de redevance, tantôt à titre de don gratuit ; c'était pour lui et non pour le public qu'il voulait de l'argent et qu'il le dépensait ; c'était en vertu de son autorité, non de l'intérêt général, qu'il l'exigeait. L'impôt était même, à quelques égards, un signe de servitude ; de l'argent levé sur le peuple, il ne revenait presque rien au peuple. Le pouvoir et le public n'avaient rien de commun ; les dépenses royales n'étaient vraiment pas les dépenses publiques. »

A cette théorie du gouvernement d'ancien régime, de ce gouvernement que M. Goschen appelle gouvernement paternel, M. de Rémusat, opposait, en 1832, la conception moderne du gouvernement national qui n'est pas économique, mais qui peut être économe, qui a la conscience de son origine, et qui fait hardiment les sacrifices nécessaires, c'est-à-dire beaucoup de dépenses.

Les gouvernements nationaux sont aujourd'hui les gouvernements démocratiques qui ont modifié, pour employer l'expression de M. Goschen, la distribution du pouvoir politique en l'étendant à la masse du peuple; la société demande avec une passion trop souvent aveugle que ses représentants agissent en sa faveur, elle demande qu'on surveille les individus à son profit; c'est l'idée socialiste qui s'affirme et qui menace l'avenir.

M. Goschen voit donc trois causes aux changements qui depuis quarante ans se sont produits dans la législation anglaise: d'abord, un réveil de la conscience générale qui se révolte contre les abus de la liberté individuelle; ensuite, une protestation contre la distribution des richesses produite par la liberté ; enfin une distribution nouvelle du pouvoir politique entre les diverses classes de citoyens. Il voit très clairement apparaître l'action de ces trois causes en particulier dans la question brûlante des maisons ouvrières, c'est-à-dire un sentiment public de responsabilité morale, une dissatisfaction de la présente distribution des richesses et enfin la croyance dans l'action du gouvernement qui serait le seul *deus ex machina* capable de résoudre un tel problème.

Tout le tableau qu'a présenté M. Goschen de la société anglaise est très vrai et très intéressant. Il a été accueilli par son auditoire avec le plus vif intérêt ; on sent que ceux qui l'écoutaient étaient flattés de ce que la société anglaise leur était présentée comme ayant, plus qu'autrefois, un sentiment très vif pour l'amélioration du sort des classes malheureuses. M. Goschen a dû avertir son auditoire des difficultés, des dangers même, que le public, c'est-à-dire tout le monde, rencontrerait dans le cours de cette sorte d'aventure dans laquelle on semble s'engager d'un cœur léger et avec une confiance qui ne pourrait être justifiée que si on pouvait croire à des conditions morales tout à fait nouvelles et inconnues aux sociétés antérieures.

Pour réussir dans l'entreprise à laquelle on convie la nation, ne serait-il pas, en effet, nécessaire qu'elle vécût dans une atmosphère plus pure et plus parfaite que celle dont ont joui les autres âges et les autres pays?

M. Goschen se dit que, pour croire au succès du Socialisme d'État, il faut une foi bien robuste dans le fonctionnement de la machine gouvernementale, et il fait observer à ses auditeurs que, si l'esprit démocratique est porté à mettre beaucoup de confiance dans le résultat du contrôle et de l'action de l'État, il en met très peu, par contre, dans les agents qui exercent cette action. Il est excessivement disposé à louer d'un côté l'action de l'État, et à critiquer de l'autre tous les actes de ceux qui l'exercent.

Aussi bien, qu'est-ce que l'État? se demande-t-il. Qu'est-ce que le gouvernement? Qu'est-ce que cette autorité centrale à laquelle on confie une œuvre d'intervention qui fait obstacle à la liberté naturelle? C'est le Parlement et sa créature, le gouvernement du jour.

Qu'est-ce que c'est que le Parlement? C'est le représentant de la majorité d'une certaine année, c'est l'expression de la volonté publique à une certaine date ; et c'est à ce corps ainsi constitué que l'on confierait le soin d'établir, pour employer l'expression à la mode, de nouvelles relations entre les différentes classes de la société ! Si pourtant on se trompait, ajoute M. Goschen, si, après avoir développé de plus en plus la puissance du Socialisme d'État, on trouvait que les corps législatif et exécutif n'étaient pas exempts des imperfections de notre nature humaine (et rien de ce que nous apprend l'histoire ne peut nous le faire supposer), la nation pourrait amèrement regretter d'avoir demandé à des associations essentiellement humaines d'exercer des devoirs et de pratiquer des vertus qui sont au-dessus de l'humanité.

M. Goschen ne veut pas être pris toutefois pour un aveugle champion du « laissez faire » en tout et partout.

Si le « laissez faire » a perdu son influence, c'est parce que ses partisans se sont réclamés avec excès de l'opinion publique.

M. Goschen a voulu éviter de tomber dans cette erreur, et il n'a point hésité à reconnaître le but honorable, les bonnes intentions, et souvent les nobles sentiments de ceux qui ont poussé la législation à marcher en avant, et qui ont appelé la faveur de l'opinion sur l'intervention gouvernementale.

On a amené des classes entières de citoyens à reconnaître que dans la conduite des affaires elles ont été, à certains égards, inférieures à ce que le temps présent était en droit d'exiger d'elles.

Mais de ce qu'on a reconnu qu'il fallait porter remède à des maux et à des abus réels, cela n'est pas une raison pour justifier la suppression de la responsabilité individuelle et son remplacement par la réglementation.

M. Goschen a considéré avec satisfaction les progrès récents, tels que les soins qu'on prend de la sécurité des ouvriers, la sollicitude avec laquelle on veille au développement moral et intellectuel des enfants, l'ardeur qu'on témoigne de plus en plus en faveur des améliorations sanitaires, le désir qu'on manifeste de tous côtés pour l'amélioration des logements des classes pauvres, les efforts que l'on exerce en faveur de la tempérance, la sympathie qu'on ressent pour les souffrances des animaux, et en général pour la lutte des réformateurs philanthropes et sociaux qui poursuivent l'augmentation de l'aisance et du bien-être des masses ; mais le but élevé et pur qu'on se propose n'autorise pas à se contenter d'affirmations et à négliger l'étude de l'efficacité des méthodes qu'on peut employer pour y parvenir.

Les dangers que présente la reconstitution de la société, sous le contrôle du gouvernement, sont tels qu'on ne saurait, quoi qu'on en dise, en exagérer la réalité.

Ces dangers n'ont pas seulement pour cause la chance réelle d'inefficacité des méthodes employées; ils ont leur source dans le déplacement des responsabilités et dans la substitution d'une loi nationale au devoir propre des individus, dans le discrédit qu'on jette sur les individus pour reporter toute sa confiance sur les administrations publiques, dans le besoin toujours croissant d'appeler l'État à son aide et dans l'affaiblissement de l'idée qu'on peut avoir de la puissance de l'action individuelle.

Ce n'est pas sans de graves soucis que

M. Goschen assiste à l'intronisation de l'État universel comme nouveau principe de gouvernement.

« Espérons au moins, dit-il, en terminant, que dans le Socialisme d'État de l'avenir, vers lequel certains penseurs pensent que nous marchons d'un pas rapide, on trouvera encore de la place pour les individus qui ont foi en eux-mêmes et qui conservent l'indépendance de leur jugement, ainsi que pour la liberté naturelle ; car, si nous avons appris quelque chose de l'histoire, nous pouvons dire que cette confiance de l'individu en lui-même et le respect par l'État de la liberté naturelle sont les conditions nécessaires de la force des États, de la prospérité des sociétés, et de la grandeur des peuples. »

Tel a été le discours de M. Goschen à Édimbourg. La peinture qu'il a faite de la société anglaise et de son entraînement vers les systèmes d'intervention nous suffirait peut-être, si nous ne devions trouver dans un troisième témoin une exposition non moins fidèle et plus curieuse encore du mouvement qui emporte l'Angleterre vers des régions économiques inconnues. Ce troisième témoin n'est autre que M. Fawcett, membre du cabinet de M. Gladstone, homme de science et de pratique et qui exerce en ce moment des fonctions qui l'obligent à faire intervenir de plus en plus l'État dans des opérations qui ont été longtemps abandonnées à l'initiative individuelle. M. Fawcett est le grand maître des postes ; il a développé les caisses d'épargne postales, il a créé les petits billets de banque postaux, il a enfin établi tout dernièrement le service des colis postaux. En même temps qu'il est un homme d'État éminent, il est un économiste d'une grande autorité. Privé de la vue depuis sa première jeunesse, il n'en a pas moins recueilli dans sa longue carrière une masse énorme de faits dont son esprit généralisateur a toujours tiré les conclusions les plus sincères.

Il se propose de publier prochainement une nouvelle édition de son *Manuel d'économie politique*, et il en a détaché à l'avance un chapitre inédit intitulé « le Socialisme d'État et la Nationalisation de la terre ». C'est une brochure de 24 pages, qui a été livrée à la publicité au mois d'août 1883.

Nous allons en rendre un compte sommaire.

La brochure de M. Fawcett commence dans ces termes :

On a remarqué que le trait saillant du Socialisme de nos jours était la confiance qu'il plaçait dans l'intervention de l'État. L'avocat le plus distingué de cette nouvelle forme du Socialisme est sans, aucun doute Lassalle. Il y a eu entre lui et Schultze-Delitsch en Allemagne pendant un grand nombre d'années une lutte ardente et pleine d'acrimonie. Ils sont devenus respectivement les fondateurs de deux Écoles rivales de réformes industrielles et sociales, et il y a eu toujours, entre les solutions mises en avant par ces deux Écoles, les divergences les plus larges à tous les égards. Schultze-Delitsch attachait une importance décisive au mouvement coopératif, et le principe souverain qui le guidait était qu'il fallait habituer le peuple à compter sur son initiative propre pour améliorer sa condition. Lassalle, au contraire, pensait que ce dont le peuple avait sourtout besoin, c'était un recours plus étendu à l'assistance de l'État. Le mouvement qu'il a créé a pris corps dans cette Société connue sous le nom de l'Internationale. L'Internationale a mis en avant divers systèmes et presque tous se résolvent dans l'intervention de l'État. Toutefois, la méthode dans laquelle les internationalistes et généralement les socialistes du jour mettent le plus de confiance est celle qui est connue sous le nom de nationalisation de la terre et des autres instruments de la production.

Ce plan de nationalisation pouvant être considéré comme le développement le plus important du Socialisme d'État, il faut l'envisager avant de décrire les autres systèmes socialistes qui se fondent sur l'assistance pécuniaire de l'État. Le sujet de la nationalisation de la terre a attiré l'attention publique dernièrement à la suite de la publication de deux livres récemment publiés sur ce sujet, l'un par M. Wallace, le naturaliste bien connu, l'autre par M. Henri George.

La question agraire n'a pas, en France, le degré d'importance qu'elle a en Angleterre, parce que notre révolution économique a été faite en 89 et qu'il ne reste plus trace en France de la législation féodale. Il n'en est pas de même ailleurs, et en Angleterre surtout les lois sur la propriété sont restées ce qu'elles étaient, c'est-à-dire l'application d'un système aristocratique. Ce n'est pas d'aujourd'hui que la lutte est engagée. Il y a des années qu'on en demande la revision. Le *Financial Reform Almanach*, qui est rédigé sous l'inspiration des amis de

Cobden, publie tous les ans la liste des propriétaires de 2,000 hectares, et ne cesse de demander la réforme des lois et des impôts sur la propriété foncière. Il est même peut-être trop tard pour en espérer une revision équitable, et les dernières lois votées, en ce qui concerne l'Irlande, montrent que le temps n'est peut-être pas éloigné où ce seront les juges de paix qui détermineront le prix des baux même en Angleterre et en Écosse, et qui seront juges des relations à établir entre les propriétaires et les fermiers.

M. Fawcett combat avec énergie le projet d'une expropriation des terres au profit de l'État; mais il ne demande pas que l'État abandonne son droit de propriété là où il ne l'a pas aliéné. Il rappelle que dans l'Inde toutes les terres appartiennent à l'État. Le cultivateur, au lieu de payer un loyer à un particulier propriétaire, paye son loyer à l'État sous la forme d'un impôt foncier : le revenu public obtenu par cette méthode s'élève en moyenne à 550 millions de francs par an, et est à peu près égal au montant de toutes les autres taxes perçues par le gouvernement central. Y aurait-il avantage à faire aux cultivateurs un abandon des droits de propriété de l'État? M. Fawcett ne le croit pas, et il en donne pour preuve les résultats obtenus à la suite d'une opération de ce genre faite en 1793 par lord Cornwallis. On a abandonné pour un capital, une fois payé, les droits de propriété aux fermiers de l'impôt ou *zemindars*, dans un district déterminé. Il en est résulté, avec l'augmentation de la richesse et de la population, que les cultivateurs payent aux *zemindars* un fermage trois ou quatre fois plus élevé que la taxe jadis payée au gouvernement. On a simplement sacrifié une portion considérable du revenu public au profit d'une classe de citoyens. Si l'État avait conservé ses droits de propriété, il aurait pu en tirer assez de profits pour abolir l'impôt si lourd qui subsiste dans l'Inde sur le sel.

Cette conclusion de M. Fawcett est peut-être imprudente, car elle laisse supposer que dans les pays neufs il ne serait pas partisan de l'appropriation des terres par les particuliers; mais M. Fawcett s'attache surtout à exposer les résultats inacceptables d'une reprise par l'État des droits de propriété là où, comme en Angleterre, ils ont été depuis longtemps abandonnés. Il ne voit pas comment on pourrait opérer sans injustice, et sans des abus monstrueux de faveur, une nouvelle répartition des terres, même dans le cas où on les aurait enlevées par expropriation et moyennant une juste indemnité préalable aux propriétaires actuels. M. Fawcett remarque que toutes les théories de redistribution ou de nationalisation des terres reposent sur cette idée que l'augmentation de la valeur des terres doit appartenir à la communauté ; mais il se demande si l'État, par cela même qu'il absorberait les plus-values de l'avenir, ne devrait pas devenir responsable des moins-values, s'il s'en produisait. Ce mouvement de bascule est facile à prévoir. N'est-ce pas le cas en France où, après une hausse continue du prix des terres, on est en présence aujourd'hui d'une baisse qui pourrait bien durer longtemps et ramener les prix à leur niveau antérieur? Du jour où les terres du monde entier ont pu se faire concurrence sur tous les marchés de consommation du monde, il s'est produit un travail lent d'établissement d'une valeur moyenne des terres sur la surface du globe. Les vieux pays en souffriront, les pays neufs en profiteront ; et il serait souverainement injuste que certains États s'attribuassent les profits, si les autres États ne se débitaient pas des pertes. Sans cela on ferait la fortune des États dans les pays neufs au détriment de la fortune des particuliers dans les pays vieux.

Ce que demande M. Fawcett, c'est que la propriété foncière soit débarrassée de toute législation qui empêche les capitaux de se porter sur la culture. La réforme qu'il poursuit, c'est de rendre le transfert des terres facile, de fournir les moyens d'associer les propriétaires et les fermiers, les capitalistes et les agriculteurs. Il veut donner de la sécurité à ceux qui cultivent, pour qu'ils puissent faire des améliorations, et se demande ce que serait devenue l'industrie anglaise, si, toutes les fois qu'elle a introduit des perfectionnements dans son outillage, elle avait dû s'inquiéter de savoir si elle n'aurait pas à abandonner à l'État sous forme d'impôts une partie des avantages qu'elle espérait tirer du progrès de son outillage.

Je passerai sous silence la question des chemins de fer, de leur construction et de leur exploitation par l'État, parce que ce n'est pas une question anglaise et que les développements de M. Fawcett à ce sujet constituent des appréciations de systèmes, que nous avons eu chez nous l'occasion de discuter très souvent avec plus de précision et, peut-être même, de profondeur.

De toutes les questions soulevées en Angleterre par les avocats du Socialisme d'État, M. Fawcett considère comme une des plus importantes celle des logements ouvriers. On ne peut, suivant lui, exagérer les maux qui résultent de l'entassement de nombreuses populations dans des logements malsains et mal entretenus. Il y a 40 familles d'ouvriers sur 100, qui ont pour toute la famille une seule chambre, et 37 autres familles qui vivent dans deux chambres. Il ne faut épargner aucun effort pour rendre efficaces les améliorations qu'on essaye de faire dans les logements ouvriers. Il n'y a pas de divergence d'opinion sur le but, mais doit-on, pour l'atteindre, mettre à la charge de l'État la construction des maisons? M. Fawcett fait une distinction à laquelle il attache le plus grand prix entre l'intervention de l'État au point de vue sanitaire et son intervention pour arriver à une diminution du prix des logements. Suivant M. Fawcett, il est facile de voir que l'intervention de l'État pour faire diminuer le taux des loyers produit des difficultés sans fin, car, si l'État ou la municipalité, après avoir construit des maisons, n'en tirent pas un produit suffisant pour couvrir l'intérêt du capital dépensé, il faut bien que la différence soit trouvée dans un impôt local ou général. Comme, après tout, les impôts sont payés par les pauvres, au moins dans une certaine proportion, il est évident qu'on peut dire, sans vouloir discuter la question difficile de l'incidence des impôts, que les locataires de la maison louée trop bon marché payent une grande partie des impôts additionnels qu'il a fallu, à cause de cela, mettre sur les contribuables. Mais il y a encore une autre difficulté à considérer. Comment les autorités municipales ferontelles le choix des heureux locataires qui jouiront aux frais du public d'un loyer réduit? On ne peut pas choisir simplement à raison de la pauvreté ; car ce serait un encouragement direct et puissant à l'imprévoyance. Rien ne serait plus malheureux que de faire sentir au pauvre industrieux qu'il est taxé par la municipalité pour qu'on puisse donner des maisons meilleures et moins chères que la sienne à des gens qui se sont appauvris par intempérance ou par imprévoyance. M. Fawcett ajoute que l'intervention de l'État ou de la municipalité pour fournir des maisons aurait une conséquence particulièrement malheureuse. On découragerait par là les efforts que la classe ouvrière fait en ce moment en Angleterre pour se procurer des habitations. Il n'y a rien qui fasse naître plus d'espérance dans tout ce qui se fait pour améliorer la condition sociale du peuple que le développement remarquable qui s'est produit dans ces dernières années dans les sociétés de construction. Elles comptent plus de 750,000 membres dont un grand nombre sont devenus ou sont en train de devenir propriétaires des maisons qu'ils habitent, grâce à l'accumulation de leurs petites économies. Il n'y a pas, conclut M. Fawcett, de plus sûr moyen pour tarir ce grand courant d'efforts personnels et de confiance en soi, que d'apprendre aux classes laborieuses qu'elles doivent moins compter sur leurs propres efforts que sur l'État ou la municipalité pour leur fournir les habitations dont elles ont besoin.

Nous ne suivrons pas M. Fawcett dans l'examen qu'il fait des projets de M. de Bismarck, parce que nous aurons l'occasion d'y revenir quand nous parlerons du Socialisme d'État en Allemagne, et nous terminerons cette analyse en montrant quelle est l'opinion de M. Fawcett à propos de certaines interventions de l'État, qui sont plus particulièrement dans le goût de la nation anglaise.

Il pense que le gouvernement peut exercer une influence très heureuse en offrant au public diverses organisations qui rendent plus aisée la pratique de la prévoyance. Il n'ignore pas d'ailleurs que des interventions imprudentes peuvent retarder des mouvements naturels sociaux et économiques qui auraient sensiblement amélioré la condition du peuple. Mais c'est un exemple de bien sans mélange que celui, par exemple, qui résulte de la création des caisses d'épargne; et on peut affirmer que le peuple a beaucoup plus de disposition à faire des économies quand il sent qu'il peut compter sur la sécurité de l'État et quand il sait que ses années d'épargne ne seront pas perdues pour lui, comme c'eût été le cas s'il avait confié ses économies à des compagnies insolvables. Il est toutefois de la dernière importance, et c'est là le critérium de M. Fawcett, que les entreprises de l'État soient conduites dans un véritable esprit commercial et se suffisent absolument à elles-mêmes. C'est ainsi que les caisses d'épargne postales, loin d'imposer aucune charge aux contribuables, font en Angleterre des bénéfices suffisants pour couvrir l'État contre tout risque de pertes. Si on s'écarte de ce principe, on ne trouve que des mécomptes. Que l'État, par exemple, pour encourager l'épargne, alloue un intérêt plus élevé aux déposants que l'intérêt réel, il faudra taxer la communauté en général au bénéfice d'une classe spéciale. Les partis politiques rivaux, entraînés par l'amour de la popularité, enchériront les uns sur les autres, quand on sera sorti des voies raisonnables, pour offrir des taux d'intérêts plus élevés, augmentant ainsi sans cesse le fardeau qui pèse sur les contribuables.

Tout en appelant l'attention de ses lecteurs sur les périls du Socialisme d'État, M. Fawcett ne conclut pas qu'il faille condamner nécessairement toute institution qui présenterait quelques-uns des caractères du socialisme, et il cite comme exemple la loi anglaise sur les pauvres ; c'est évidemment du socialisme puisqu'on donne à des gens dépourvus de moyens d'existence un droit légal à se faire entretenir aux dépens du public. M. Fawcett ne trouve pas que ce soit une raison suffisante pour abolir la loi des pauvres. C'est un cas dans lequel il faut peser les avantages et les inconvénients. Si on l'abolit, on aura toutes les conséquences des entreprises de charité mal conçues qui chercheront à remplacer la loi, et les maux seront plus grands que ceux qui résultent d'une administration faite avec soin de la loi des pauvres actuelle.

On propose souvent d'étendre l'application des principes de la loi des pauvres, et c'est ainsi que beaucoup de personnes en Angleterre, en présence de la difficulté qu'éprouvent les pauvres gens à faire les frais de l'éducation de leurs enfants, ont imaginé d'organiser aux frais du public une instruction gratuite pour tous ceux qui la réclameraient. On dit aussi que l'instruction obligatoire est dans l'intérêt de l'État, qui a besoin que les citoyens soient instruits, et, puisque c'est un intérêt national, on trouve bien naturel que l'État en fasse la dépense. M. Fawcett pense que sous ce prétexte la responsabilité de l'État s'accroîtrait indéfiniment. C'est aussi un avantage national que les citoyens soient bien nourris, bien habillés, bien logés. Va-t-on proposer de confier à l'État le soin de nourrir, de vêtir et de loger tout le monde? Il est plus vrai de justifier l'intervention de l'État entre parents et enfants, en disant qu'elle a sa source dans le droit qu'a l'État de protéger l'enfant, lorsque les parents, qui ont la responsabilité, manquent à leur devoir envers lui. M. Fawcett reconnaît qu'une très grande partie des dépenses de l'instruction populaire est aujourd'hui couverte en Angleterre par des subventions qui proviennent des taxes locales ou générales, et qu'on a fait de tels pas dans le sens de l'éducation gratuite qu'il ne résulterait pas sans doute un grand mal de l'application complète du système de la gratuité. Dans son opinion, néanmoins, il faut prendre un grand soin pour maintenir le principe de la responsabilité des parents en ce qui concerne l'éducation de leurs enfants, et, au lieu de le dégager de toute responsabilité, il faut engager le peuple à considérer le système actuel comme un arrangement temporaire. Il faut qu'il comprenne que, au lieu d'augmenter la charge qui pèse sur les autres au profit de l'éducation de ses enfants, l'avenir devra au contraire tendre à la diminuer.

Nous reproduisons ci-dessous le dernier paragraphe de l'opuscule de M. Fawcett :

En terminant ces observations, dit-il, nous ne pouvons nous empêcher de penser que d'ici à un certain temps un grand nombre des projets que nous avons examinés attireront sous diverses formes et dans une large proportion l'attention publique. En essayant d'expliquer les suites que pourrait amener l'adoption de ces projets, nous regretterions vivement d'avoir paru ne pas rendre justice à ceux qui s'en sont faits les avocats. Nous pensons que beaucoup de ces combinaisons feraient du mal et nous ne doutons pas cependant que la grande majorité de ceux qui les ont défendues ne soient mus par le désir de concourir au progrès moral, social et matériel de l'humanité. La conclusion à laquelle nous arrivons entre toutes est celle-ci : Tout projet, quelque bonnes qu'aient été les intentions qui l'ont fait naître, accroîtra indéfiniment les maux qu'il cherche à soulager, s'il affaiblit la responsabilité individuelle, s'il encourage le peuple à compter moins sur lui-même et plus sur l'État.

Le témoignage des trois grands hommes d'État que je viens de faire passer sous vos yeux montre que le Socialisme d'État a fait depuis vingt ans les progrès les plus sérieux en Angleterre. Au commencement, on restait sur le terrain des faits, et on croyait n'avoir à résoudre que des difficultés isolées. En présence des abus, on apportait un remède, et on ne s'inquiétait que de la mesure avec laquelle on trouvait prudent de s'engager. Aujourd'hui on est obligé de reconnaître qu'on est emporté par un courant puissant, et on se demande si ce ne sont pas les principes mêmes du gouvernement qui sont mis en question. On voit des théoriciens ardents s'emparer petit à petit de l'esprit des masses, et on cherche s'il ne faut pas opposer à leurs théories socialistes d'autres théories qui, sans aller jusqu'au « laissez faire » absolu, contiennent une dose suffisante de liberté. La conclusion anglaise paraît être de limiter les nouvelles fonctions du gouvernement à ce qui peut être entrepris par les organes existants de l'administration, sans imposer aux contribuables des charges nouvelles.

II

ALLEMAGNE

Si d'Angleterre nous passons en Allemagne, nous nous trouvons sur le véritable champ de bataille du Socialisme. Les théories les plus diverses se disputent le terrain et demandent à être mises à l'épreuve. La lutte est engagée avec violence. D'un côté, le socialisme révolutionnaire affiche ses prétentions les plus extrêmes. C'est l'organisation de la société qu'il faut refaire ; c'est la loi de fer du salariat qu'il faut abolir ; c'est le capital dont il faut briser le joug ; c'est une nouvelle distribution des profits qu'il faut inaugurer, et on déclare qu'on ne peut y arriver que par la révolution.

D'un autre côté le socialisme soi-disant conservateur se déclare capable de résoudre la question sociale par des modifications que les organes existants des gouvernements peuvent apporter à la loi positive, et prétend pouvoir dominer l'antagonisme des intérêts par la contrainte. La violence gouvernementale a la prétention de refaire la société aussi radicalement que la violence révolutionnaire. Les uns et les autres suppriment la liberté, ici au profit de la révolution, là au profit des gouvernements. Entre les deux, une École moyenne cherche à persuader aux peuples et aux gouvernants qu'il ne faut aller ni jusqu'à l'un ni jusqu'à l'autre des extrêmes. Elle reconnaît qu'il y a des limites aux fonctions gouvernementales, mais elle les étend en reconnaissant que l'État doit avoir d'autres soucis que celui de garantir la sécurité des citoyens. Enfin, sur un terrain si réduit qu'on a de la peine à le découvrir, reste toujours sur la défensive l'ancienne École économique qui est débordée de tous les côtés et demande à traiter sur la base des concessions les moins étendues à l'omnipotence de l'État.

Le Socialisme d'État est représenté en Allemagne par le prince de Bismarck, et, pour apprécier la portée des réformes qu'il croit avoir pour mission de faire réussir, nous aurons à analyser sommairement les grandes lois sociales que, depuis plusieurs années, le chancelier de fer de l'empire d'Allemagne a introduites devant le Parlement et dont il poursuit la réalisation avec une constance inébranlable et un succès heureusement encore douteux.

M. de Bismarck résout la question sociale au moyen de l'assurance obligatoire par l'État, et son théoricien est le professeur Wagner, de Berlin.

Que l'assurance soit l'organisation la plus scientifique de la prévoyance, on ne saurait en douter après les études auxquelles tant d'hommes distingués se sont livrés depuis quelques années. En Allemagne on a poussé aussi loin que possible l'étude de cette matière, et on a fait sur ce sujet les travaux les plus intéressants.

Mais enrégimenter la prévoyance, la rendre obligatoire, lui ôter son caractère individuel pour en faire la vertu de la conscience publique, c'est une entreprise contre laquelle la raison s'insurge et que, malgré sa toute-puissance, le prince de Bismarck ne pourra peut-être pas mener à fin comme il se l'imagine.

Pour réussir, il faut qu'il absorbe de plus en plus au profit de l'empire la force vitale des royaumes séparés et qu'il ait pu soumettre à une discipline d'une extrême rigueur, non seulement les ouvriers de l'industrie, mais, ce qui est plus difficile, les ouvriers agricoles. Il faut aussi qu'il puisse réunir les ressources nécessaires au fonctionnement d'une organisation dont jusqu'ici il n'y a heureusement de modèle nulle part et qui coûtera des sommes énormes.

L'assurance ouvrière a été l'objet de travaux du plus haut intérêt, et en particulier, pour ne citer qu'un nom, d'études très importantes de M. Brentano, professeur autrefois à Breslau, aujourd'hui à Strasbourg. L'ouvrier a plus besoin que personne de prévoyance, et il lui faut prendre des précautions contre des périls dont il ne saurait trop se préoccuper. L'assurance est le moyen le plus pratique qui s'offre à lui pour employer ses épargnes à la protection de son travail. M. Brentano a établi que l'ouvrier, pour être garanti de tous les périls auxquels il est exposé, doit contracter six assurances différentes :

1° Une assurance ayant pour objet une rente destinée à secourir et à élever ses enfants dans le cas où il mourrait prématurément (c'est la garantie du renouvellement de la classe ouvrière) ;

2° Une assurance de rente viagère pour ses vieux jours ;

3° Une assurance ayant pour objet de lui faire faire des funérailles décentes ;

4° Une assurance pour le cas d'infirmités ;

5° Une assurance pour le cas de maladie ;

6° Une assurance pour le cas de chômage par suite de manque de travail.

La classification est juste, mais le moyen de pourvoir à la dépense des primes est difficile à trouver. M. de Bismarck résout cette difficulté par l'intervention de l'État et des patrons. M. Fawcett répond à M. de Bismarck qu'il y a des lois d'incidence qui détruisent bien aisément toutes les combinaisons de ce genre.

La constitution de sociétés privées pour exécuter, moyennant l'encaissement des primes, toutes les obligations de l'assurance, est une difficulté non moins grande; M. de Bismarck la résout par l'intervention de l'État; l'assurance ne doit pas seulement être obligatoire, elle doit être exercée par l'État. Ainsi l'assurance est une bonne chose, on l'impose. Elle entraîne des sacrifices, on y pourvoit en tout ou partie. Elle est d'une constitution difficile, on en charge l'État.

M. le professeur Wagner, qui considère

avec raison toute assurance comme une mutualité, établit très justement que l'assureur, sous quelque forme qu'il se présente, n'est et ne doit être qu'un intermédiaire; et il trouve que le rôle d'intermédiaire est le rôle le plus naturel que puisse remplir l'État. N'est-il pas le lien des citoyens entre eux, et l'administration que l'État a dû organiser n'est-elle pas, de toutes les organisations possibles, celle qui est le plus naturellement répandue sur la surface du territoire et qui est le plus aisément en rapport avec tous les citoyens?

Selon M. Wagner, la réforme des assurances par l'action de l'État est mûre en Allemagne, et elle doit avoir pour conséquence ultérieure l'abolition de la différence des primes; ce qui serait, suivant lui, un progrès social immense. Tout le monde doit s'assurer au même prix, dit-il, parce que c'est par une suite de causes indépendantes de leur volonté que les hommes courent des dangers différents et qu'il n'est pas juste que cette différence dans le danger, qui provient d'une mauvaise organisation sociale, ait pour conséquence une différence dans les dépenses de protection, c'est-à-dire dans le montant de la prime d'assurance que chacun doit payer.

Les différences de risques qui ont pour conséquence les différences de primes doivent donc disparaître, suivant M. Wagner, aussitôt que l'on considère les risques comme la résultante de faits historiques et de rapports économiques indépendants de la situation et de l'action des individus.

Il n'y a que l'État qui puisse envisager les choses à un point de vue aussi général et reconnaître que le degré du risque que court chaque individu n'est que le produit du développement de la nation.

Les paysans ont des chaumières à cause de la longue oppression sous laquelle ils ont vécu, à cause des guerres qui les ont ruinés, à cause des privilèges accordés aux villes au détriment des campagnes. C'est là ce qui a créé les différences de risques d'incendie entre les immeubles des villes et ceux des campagnes. De là est venue la différence entre le taux de l'assurance dans les villes et dans les campagnes.

Mais à côté des théories politiques se placent les considérations financières, et ceux là même que les théories de l'assurance obligatoire par l'État pouvaient séduire n'étaient pas sans inquiétude sur les charges que les budgets des États auraient à supporter pour mettre les théories en pratique. Aussi pendant les quatre années durant lesquelles on n'a jamais cessé de discuter le programme social de M. de Bismarck a-t-on recueilli d'immenses matériaux sur le nombre des individus appartenant à chacune des classes auxquelles on voulait assurer les bienfaits de l'assurance. On a étudié la nature de leurs occupations, de leurs maladies, de leurs accidents, la durée moyenne de leur vie. On a réuni des documents statistiques du plus haut intérêt, et, s'il ne reste que ces tableaux et ces documents de tous les travaux entrepris en Allemagne et des projets cyclopéens de M. de Bismarck, ce sera déjà un monument très digne d'attirer l'attention des hommes d'État et des économistes de tous les pays.

Une circonstance particulière, une évolution spéciale de la science économique a justement pendant la même période de temps produit un mouvement prodigieux dans la science de la statistique en Allemagne.

L'ancienne École économique, l'École d'Adam Smith et de J.-B. Say, s'appuyait sur les faits; elle les généralisait pour en tirer des lois. La nouvelle École ne peut avoir la prétention d'avoir les faits plus en honneur; mais elle les consulte avec une activité plus grande parce qu'elle en tire des lois successives et qu'elle renouvelle sans cesse ses recherches pour renouveler les lois. Elle ne croit pas à la permanence des lois économiques; elle considère que l'humanité est dans un état incessant d'évolution et que les lois économiques doivent suivre les évolutions de la société humaine et changer avec elle. On a pu appeler l'ancienne École une École abstraite et la nouvelle École une École réaliste. On a pu considérer que l'École des socialistes de la chaire, pour lui donner son nom, était fondée sur une méthode historique et statistique qui lui donnait une base inébranlable. Je ne sais si cette École, qui est en réalité une réaction contre le « laissez faire », établira définitivement sa domination sur les esprits, mais elle aura fait naître des travaux admirables. . . .

L'organisation du bureau de la statistique de Berlin et les développements qu'on lui a donnés sont d'une importance décisive, et l'honneur en revient à son ancien directeur, le célèbre docteur Engel. Si M. Engel a cessé de diriger la statistique officielle par des raisons qu'il serait curieux de connaître et qui formeraient peut-être un chapitre intéressant de l'histoire du Socialisme d'État, il a du moins été remplacé par un autre savant, son élève, M. Blenck, qui poursuit les travaux de son maître.

M. de Bismarck avait donc sous la main un instrument d'une grande puissance, et il a pu fournir à la discussion des éléments qui ont fait presque toujours défaut en France quand on a voulu aborder ces questions difficiles.

La sentimentalité du XVIIIe siècle a fait son temps ; il faut être scientifique, et c'est par des calculs qu'il faut prouver qu'on a raison. Le malheur est que les chiffres disent tout ce qu'on veut ; la vérité n'est pas en eux, elle est dans l'esprit de ceux qui s'en servent. La statistique n'a pas encore prouvé que M. de Bismarck avait raison ; et il est heureusement fort possible qu'elle prouve un jour qu'il avait tort.

C'est le 17 novembre 1880 que M. de Bismarck, dans la pensée de préparer ses grandes lois sociales, créa un conseil économique, limité d'abord au royaume de Prusse, mais étendu bientôt à l'empire d'Allemagne tout entier. Ce conseil était composé de négociants, d'industriels, de propriétaires, choisis avec soin par le gouvernement parmi les hommes dévoués à la personne de M. de Bismarck et à la politique conservatrice. Quelles qu'aient été les alliances qu'il a dû contracter au cours des discussions qui se sont poursuivies depuis cette époque jusqu'à nos jours sur les questions sociales, c'est toujours sur le parti conservateur, les paysans, les propriétaires fonciers qu'il s'est appuyé; il les a toujours ménagés et en a fait le centre des diverses évolutions de sa politique. Il se déclare sans cesse conservateur chrétien.

« Mes projets n'ont rien de socialiste,

a-t-il dit un jour au Reichstag, c'est un stratagème oratoire que de prétendre confondre les gouvernements confédérés, désireux d'améliorer le sort des ouvriers, avec la bande d'assassins qu'inspirent les Most et les Hasselmann. Ce n'est pas du socialisme que nous faisons, c'est, si vous le voulez, du christianisme pratique sans phrases. Il s'agit de donner aux gens non pas des discours creux, mais quelque chose de réel. »

L'École des conservateurs socialistes chrétiens à laquelle le chancelier a la prétention de se rattacher date de 1848 ; elle a eu pour chef, pendant de longues années, le conseiller intime Wagener, absolument dévoué à M. de Bismarck, et qui, dans les Chambres prussiennes ou impériales, a toujours fait une propagande active en faveur des théories sociales conservatrices. Il ne faut pas confondre le conseiller intime Wagener avec le professeur Ad. Wagner, de Berlin, qui, après avoir été l'un des fondateurs de cette École *cathédrale*, qui a cherché et cherche encore à se maintenir sur un terrain qui lui soit propre entre le socialisme destructeur et le Socialisme d'État, est devenu le théoricien de l'intervention à outrance et du socialisme de M. de Bismarck. Les socialistes chrétiens croient avoir trouvé la solution de la question sociale dans l'union de l'Église, qui se manifeste sous mille formes de bienfaisance, avec l'État qui, par la perception de l'impôt et l'emploi des ressources budgétaires, pénètre dans la vie intime de la nation. Ils combattent avec autant d'ardeur l'École économique libérale d'Adam Smith et de Jean-Baptiste Say que l'École politique libérale anglaise qui a répandu le système du gouvernement parlementaire sur toute la surface de l'Europe.

C'est donc avec une assemblée d'hommes choisis parmi les conservateurs que M. de Bismarck a préparé ses grandes lois sur l'assurance obligatoire. Mais, chose bien digne de remarque, l'instrument que M. de Bismarck avait créé s'est brisé un jour dans sa main, ou plutôt a été brisé par la main de M. de Bismarck quand il est devenu indocile.

Le conseil économique n'existe pour ainsi dire plus, et quelques velléités d'opposition l'ont fait en réalité tomber en désuétude sans qu'il ait été besoin de le détruire. On parle aujourd'hui de le rappeler à la vie ; ce n'est peut-être pas pour longtemps.

C'est que M. de Bismarck poursuit tant de buts à la fois que son vaste esprit est seul capable de les contenir et d'en faire un monument unique, malgré leurs contradictions.

Il faut d'abord affaiblir le particularisme au profit de l'empire, et, pour y arriver, attirer les ressources les plus abondantes de l'impôt au budget de l'empire en les enlevant au budget des États particuliers. Il faut ensuite écraser les révolutionnaires au profit du gouvernement fortement centralisé à Berlin ; il faut donner des satisfactions aux ouvriers agricoles qui sont la force du parti conservateur et protéger leur travail au moyen de droits de douane ; il faut enfin ménager les ouvriers de l'industrie que le socialisme cherche à enrégimenter en prenant leur défense contre les capitalistes et ceux qu'on appelle les accapareurs de la fortune mobilière, ce qui flatte les propriétaires dont les terres sont fortement endettées.

On verra peut-être se renouveler les *moratoires,* c'est-à-dire ces liquidations de dettes qu'on a vues se produire tant de fois en Allemagne depuis deux siècles et demi et que certains organes des partis catholiques en Autriche-Hongrie présentent aujourd'hui comme un des remèdes à la crise agricole et foncière qui sévit en ce moment sur l'ancien monde.

M. de Bismarck proclame que le vieil empereur voudrait, avant de mourir, avoir au moins préparé la solution du problème social. « Frédéric le Grand se vantait déjà, dit-il, d'être le roi des gueux : le père de l'empereur a émancipé les paysans, et l'ambition de l'empereur Guillaume serait de réaliser une nouvelle réforme à l'avantage des paysans et des ouvriers. » Pour flatter les passions de quelques socialistes chrétiens, on laisse grandir le mouvement antisémitique qui est aussi un mouvement dirigé contre les classes capitalistes. La politique et le sentiment sont alliés dans des proportions diverses et forment un tout rempli de contradictions, où seule la liberté ne trouve pas de place. C'est la liberté qui fait les frais de toutes ces alliances.

Le projet soumis au commencement de l'année 1881 au conseil économique était un projet d'assurance obligatoire contre les accidents du travail. C'était une loi en quarante-sept articles qui créait à Berlin une Assurance impériale dont l'administration devait être organisée par un règlement arrêté de concert entre l'empereur et le Conseil fédéral et dont les tarifs devaient être fixés et revisés tous les cinq ans par le Conseil fédéral.

Tous les ouvriers de mines, carrières,

salines, chantiers de construction, usines, fabriques, etc., dont le gain ou le salaire ne dépassait pas 2,500 francs par an, étaient obligés de contracter une assurance et, moyennant le payement d'une prime, obtenaient d'être traités gratuitement en cas de blessures. Ils recevaient, en outre, une pension pendant toute la durée de leur incapacité de travail. En cas de mort, leur veuve ou leurs enfants avaient une pension.

Le payement de la prime était à la charge des patrons pour deux tiers et de l'Assistance publique pour le dernier tiers, et les assurés ne payaient en conséquence aucune partie de la prime si leur gain ou salaire annuel n'était que de 937 francs par an ; dans le cas seulement où le salaire annuel dépassait 937 francs, on obligeait l'assuré à concourir au payement de la prime. Il fournissait alors la moitié de la cotisation, l'autre moitié devant être payée par le patron.

L'Assurance impériale pouvait faire, en outre, des assurances sur la vie et accepter les assurances volontaires des ouvriers au service d'autrui, non compris dans la catégorie des assurés obligatoires.

Au 15 février 1881, l'empereur, à l'ouverture de la session du Reichstag, faisait savoir à l'Assemblée que le Conseil fédéral avait été, en même temps que le Conseil économique, saisi du projet dont nous avons donné un résumé. Il annonçait pour une époque prochaine la présentation d'un autre projet dont le but était de grouper les forces isolées de tous ceux qui exercent le même métier en unions corporatives afin d'augmenter par cette union leur force productive, ainsi que leur valeur morale. C'est la reconstitution des corporations. Voici, d'ailleurs, dans quels termes le discours du

Trône, lu au nom de l'empereur, caractérisait le projet d'assurance ouvrière contre les accidents :

« En ouvrant la session du Reichstag en février 1879, S.M. l'empereur, rappelant la loi du 21 octobre 1878, avait exprimé la confiance que le Reichstag ne refuserait pas son concours pour remédier par la voie législative aux plaies sociales. Pour y réussir, il ne suffit pas d'assurer la répression des excès socialistes, il faut en même temps et dans la même mesure poursuivre l'amélioration réelle du sort des ouvriers. A ce point de vue il convient de s'occuper, tout d'abord, de ceux d'entre eux qui se trouvent hors d'état de gagner leur vie. Dans leur intérêt S. M. l'empereur a fait parvenir au Conseil fédéral un projet de loi sur l'assurance des ouvriers contre les accidents. Ce projet répond à un besoin également ressenti par les classes ouvrières et par les chefs d'industrie.

» S. M. l'empereur espère qu'il rencontrera en principe l'adhésion des gouvernements confédérés et que le Reichstag l'accueillera avec plaisir comme un utile complément de la législation qui tend à protéger l'empire contre les menées socialistes. L'expérience a démontré l'insuffisance des mesures prises jusqu'ici pour mettre à l'abri de la misère les ouvriers auxquels l'âge ou les accidents ont ôté toute ressource, et cette insuffisance n'a pas peu contribué à pousser une partie de la classe ouvrière dans la voie des revendications sociales et démocratiques. »

Quelques semaines plus tard le Reichstag recevait le projet modifié dans quelques-unes de ses parties par le Conseil économique et le Conseil fédéral. Les conseils avaient créé une catégorie intermédiaire; et c'était l'État, au lieu de l'Assistance publique, qui intervenait directement pour payer la prime d'assurance des assurés de la première catégorie. Pour les ouvriers dont le salaire annuel ne dépassait pas 937 francs, le patron devait payer deux tiers de la prime et l'État le reste. Pour les salaires supérieurs, jusqu'à 1,250 francs par an, le patron conservait la charge des deux tiers à son compte et l'ouvrier payait l'autre tiers. Enfin, au delà du salaire annuel de 1,250 francs, la prime était divisée en deux parties égales entre le patron et l'ouvrier.

Toute l'organisation administrative était d'ailleurs maintenue avec un esprit de centralisation tout à fait excessif.

La discussion qui a été entamée le 1er avril 1881, et s'est poursuivie pendant une longue suite de mois, a été très violente. Les socialistes n'étaient pas hostiles, et parmi les autres membres du Reichstag c'était surtout l'absorption par l'empire qui soulevait le plus d'opposition. Beaucoup de députés adversaires du socialisme impérial se seraient trouvés très satisfaits d'un socialisme royal, provincial ou communal.

M. Kleist Retzow, qui appartient au parti conservateur, aurait voulu qu'on étendît la loi aux ouvriers agricoles, partout où la culture emploie d'autres machines que celles dont l'homme est le moteur. Il reprochait aux économistes du parti national libéral ce qu'il appelait leur aveugle pusillanimité. Il voyait dans le projet du prince de Bismarck un heureux retour aux principes chrétiens. C'était la protection du pauvre par le riche, du domestique par le maître, de l'ouvrier par le patron; c'était, suivant lui, la solidarité universelle réalisée sous la protection de l'État.

M. Liebknecht, un des chefs du parti socialiste, n'acceptait ni ce qu'il considérait comme l'idéal étroit de l'École de Manchester, ni l'idéal féodal du parti conservateur; mais il se déclarait partisan de la loi de M. de Bismarck. « Ce ne sont pas, dit-il les socialistes qui sont allés au chancelier; c'est le chancelier qui est venu à eux, et, quand il aura de sa main puissante fait entrer la nouvelle loi, comme la pointe d'un coin, dans l'organisation sociale moderne, il faut espérer que le gros bout fera éclater le reste. »

La coalition des deux extrêmes ne laissait, en réalité, aucune chance au parti de la non-intervention, et les économistes nationaux-libéraux furent battus, comme on pouvait le prévoir; mais la lutte s'engagea immédiatement avec une vivacité bien plus grande sur la question de la centralisation à Berlin et de l'absorption de l'assurance obligatoire par le gouvernement impérial. Sur ce point, le chancelier ne put réunir la majorité, et, depuis lors, il se débat, avec une vigueur qui ne s'est jamais démentie, pour reprendre sous d'autres formes les idées qu'il veut faire triompher.

Après l'échec du premier projet un second projet ayant le même objet a été déposé, le 8 mai 1882, au Reichstag. Le texte en est plus obscur; il est, en tous cas, infiniment plus compliqué que le premier, et voici le jugement que M. Charles Grad, député au Reichstag pour Colmar, en porte dans une publication récente : « En lisant ce nouveau projet, dit-il, sorti de l'office de l'intérieur, involontairement le mot de Henri Heine vous revient en mémoire quand le grand écrivain affirme que, pour comprendre les traités de philosophie écrits en allemand, il lui fallait attendre leur traduction en français. Or, il nous serait bien difficile de rendre sous une forme intelligible pour tout le monde le texte de cette loi, avec ses interminables paragraphes, à propos desquels tel vieux parlementaire bavarois, juriste de profession, s'est demandé, au sein de la commission du Reichstag chargée du rapport sur le projet gouvernemental, si les rédacteurs de certains paragraphes ont bien saisi eux-mêmes le sens des idées qu'ils ont voulu exprimer. »

M. Charles Grad reconnaît néanmoins que, malgré ses obscurités et ses longueurs, le nouveau projet contient des améliorations notables. M. de Bismarck a tenu compte des vœux émis en faveur des syndicats d'assurance formés par les établissements industriels intéressés. L'État continuerait à prendre à sa charge le payement d'une partie des primes, cependant, le prince de Bismarck accepterait la substitution des patrons à l'État. Enfin, l'administration centrale se contenterait de surveiller des groupes régionaux obligatoires formant des syndicats d'assurance par nature d'industries, ou par groupes d'industries diverses quand les industries similaires n'auraient pas dans un même district une importance suffisante. La surveillance, le règlement des risques se feraient par l'État, qui payerait les indemnités par l'intermédiaire de l'administration des postes.

Enfin une administration centrale, commune à tout l'empire, recueillerait la statistique des accidents et ferait la répartition des primes d'assurance ou des sommes prélever entre les groupes régionaux, afin de faire rembourser à l'empire les avances faites par l'administration des postes pour le service des indemnités et rentes payées aux assurés.

Ce second projet a été discuté très longuement et renvoyé au gouvernement. Il vient d'être présenté une troisième fois par M. de Bismarck au Reichstag, avec des modifications qui le rattachent intimement au projet primitif de reconstitution des corporations par lequel le chancelier cherche à enrégimenter tous les ouvriers de l'industrie allemande.

La partie du projet qui organise une institution nouvelle de statistique répond à des vœux souvent exprimés par des socialistes de la chaire. Dans plusieurs congrès scientifiques, ils ont réclamé avec beaucoup d'insistance la formation d'une administration de la statistique du travail. Le professeur Schönberg avait demandé qu'on fondât en Allemagne des bureaux spéciaux de la statistique du travail, qui auraient pour objet : 1° de décrire la condition sociale et matérielle des ouvriers de chaque province ; 2° d'exposer les changements survenant dans cette condition et leurs causes ; 3° de faire la statistique des consommations des classes ouvrières ; 4° d'éveiller l'initiative privée ; 5° de fournir à l'administration et à la science de riches matériaux pour la législation sur le travail et de leur venir en aide pour la solution de la question sociale ; 6° enfin, de veiller à l'exécution des lois sur le travail par le moyen des inspecteurs des fabriques.

C'est, à peu de chose près, le programme que M. de Bismarck a fait entrer dans son projet de loi. Il est probable que c'est le bureau de la statistique de l'empire qui serait chargé, si la loi est adoptée, de ces nouvelles attributions. On a d'ailleurs poursuivi des recherches considérables pendant la discussion des lois dont nous venons de parler. On a recueilli une masse énorme de faits. L'enquête a porté sur 93,554 exploitations occupant 1 million 615,253 hommes et 342,295 femmes, et, sur les accidents qui sont survenus pendant quatre mois, on en a relevé 29,574, dont 28,352 ont produit une incapacité temporaire de travail et dont les autres ont amené soit la mort, soit une incapacité absolue de travail.

Telle est l'histoire sommaire de l'entreprise socialiste de M. de Bismarck pour établir l'assurance ouvrière obligatoire. Il est difficile de savoir si cette histoire aura une conclusion pratique, car la lutte politique est très ardente et la lutte économique et sociale trouve tous les jours de nouveaux terrains. S'il y a un vaincu, ce sera l'industrie allemande qui, faisant un pas en arrière vers le moyen âge, laissera aux nations rivales un champ de concurrence plus facile sur le marché de production et de consommation du monde entier.

Mais ce n'est pas assez pour M. de Bismarck de rendre l'assurance ouvrière obligatoire : il faut concentrer petit à petit tous les intérêts ouvriers dans une sorte d'administration impériale. Aussi la loi sur les sociétés de secours mutuels obligatoires a-t-elle été étudiée, discutée et votée au cours même des travaux relatifs à la loi sur les accidents. Il est nécessaire d'en dire quelques mots, car elle est devenue définitive; elle est aujourd'hui en voie d'exécution et elle sera appliquée dans tout l'empire à la fin de l'année 1884.

Cette loi, qui est intitulée loi sur l'assurance ouvrière contre les maladies, n'est pas autre chose, en effet, qu'une loi rendant obligatoire pour les ouvriers leur participation à une société de secours mutuels.

Le prince de Bismarck a respecté les différentes espèces de sociétés de ce genre, qui existaient sous des titres divers, comme les caisses de fabrique, les caisses des corporations de mineurs et autres. On sait qu'en Alsace surtout les grands industriels ont fait des merveilles en organisant sous leur patronage un grand nombre d'institutions d'épargne et de prévoyance; toutes ces organisations spéciales sont maintenues à la condition de se soumettre à la surveillance de l'État et de conformer leurs statuts à la loi.

L'obligation s'applique aux ouvriers de l'industrie, mais ne s'étend pas aux ouvriers agricoles ou forestiers. Dans le cours de la discussion, il avait été proposé d'étendre l'obligation même aux ouvriers agricoles, mais les difficultés d'application ont fait rejeter par le Reichstag l'amendement qui lui avait été présenté.

Il est clair que l'obligation pour les ouvriers de faire partie d'une société de secours mutuels oblige l'État à créer des sociétés de secours mutuels là où elles manquent, de même que l'obligation pour les parents d'envoyer leurs enfants à l'école oblige l'État à ouvrir des écoles pour recevoir les enfants astreints à y aller, car il serait facile d'excuser la désobéissance à la loi si on n'avait pas à sa disposition les moyens pratiques de s'y soumettre.

M. de Bismarck n'a pas reculé devant cette conséquence nécessaire, et les communes seront tenues, aux termes de la nouvelle loi, de constituer des caisses de secours partout où les industriels n'en auront point établi ; le taux de la prime est fixé en proportion du salaire ; il est, au minimum, de 1 1/2 0/0, et peut, au besoin, être porté jusqu'à 2 0/0 ; le tarif sera distinct pour les hommes, les femmes et les enfants.

Les communes peuvent s'associer pour former des Unions ; et, si l'Assurance se trouve en perte, ce sont les fonds de la commune qui doivent pourvoir à l'insuffisance.

Ce qui explique pourquoi le prince de Bismarck a eu beaucoup moins de peine à faire accepter par le Parlement la loi sur les sociétés de secours mutuels obligatoires que la loi sur les accidents, c'est que les passions particularistes n'étaient point en jeu dans la loi sur l'assurance des maladies, et que la plupart de ceux qui repoussent les projets impériaux, comme entachés de Socialisme d'État, ne sont point du tout ennemis de l'intervention quand elle est exercée par les autorités locales. C'est ainsi que M. Charles Grad, député de Colmar au Reichstag, qui rend tous les jours tant de services à la cause libérale et à l'Alsace-Lorraine, accepte la loi sur les maladies, parce qu'elle consacre simplement ce qui existe dans un grand nonbre de districts manufacturiers, en introduisant, il est vrai, le principe de l'obligation, mais sans donner à l'État l'administration directe des institutions de prévoyance. « Somme toute, dit-il, la législation de l'empire allemand sur l'assurance contre la maladie répond à peu près à l'organisation des caisses de secours existantes en Alsace. Son application n'imposera pas de nouvelles charges à l'industrie, du moins aux maisons qui ont fondé spontanément leurs institutions de secours. Quiconque sait quels services ont rendus les sociétés de secours déjà établies ne pourra contester pour des raisons purement spéculatives le principe de l'obligation introduit par la loi. N'avons-nous pas aussi l'enseignement obligatoire, le service militaire forcé, étendus à tous les citoyens sous l'influence des esprits les plus libéraux? La solidarité sociale non moins que la charité chétienne nous obligent à porter remède dans la mesure du possible à toute misère imméritée. Si l'entraînement du bon exemple suffisait pour assurer ce remède, l'intervention du législateur pourrait être écartée pour laisser libre cours à la seule initiative privée. Pourtant, malgré les institutions dues à l'initiative privée, la misère tue encore beaucoup trop d'hommes qui méritent secours, et la loi doit intervenir pour généraliser des mesures d'ordre public insuffisantes sous les seules incitations du bon exemple et de la liberté. Que d'enfants n'apprendraient jamais à lire sans l'instruction obligatoire! Que de pays seraient la proie de l'étranger s'ils n'avaient pour leur défense qu'une armée de volontaires! L'obligation pour les assurances ouvrières se justifie au même titre que l'obligation pour le service militaire, que l'obligation pour l'instruction. Du moment où l'État se borne à exercer un simple contrôle, en laissant aux intéressés le soin d'administrer eux-mêmes les caisses d'assurances contre la maladie, tout danger de Socialisme d'État disparaît et nous n'avons plus devant nous qu'une œuvre légitime, raisonnable, bienfaisante. Cela en dépit des obscurités de rédaction que présente la loi dans certains articles auxquels nous avons fait allusion au début. »

Il serait très facile de répondre aux arguments de M. Charles Grad et de montrer que la prévoyance obligatoire ne peut avoir ni les mêmes effets moraux ni les mêmes résultats pratiques que la prévoyance libre ; on sentira faiblement l'inconvénient de l'obligation dans les premiers temps, dans certains grands centres manufacturiers, cela est possible, quoique M. Charles Grad reconnaisse lui-même que « l'ingérence du fonctionnaire chargé de la surveillance des caisses de malades dans la comptabilité des établissements particuliers, entre autres pour la constatation des salaires et des payes faites aux ouvriers, ne laisse pas de présenter certains inconvénients ».

Il n'est pas impossible de prévoir que le fonctionnaire, dont l'ingérence paraît ne présenter que de « faibles inconvénients », deviendra un jour une sorte de commissaire chargé de surveiller l'industriel dans ses rapports avec son personnel et sa clientèle; on a déjà prétendu dans la discussion que les caisses de fabriques permettaient aux patrons d'opprimer les ouvriers; il ne faudra donc pas s'étonner si la loi sur l'assurance contre les maladies est destinée à devenir un jour une de ces lois par lesquelles le socialisme entend régler les rapports qui doivent exister entre les diverses classes de la société.

Moins grave que la loi sur les accidents, la loi sur les maladies respecte davantage, il faut le reconnaître, le génie décentralisateur de l'Allemagne, mais elle est un des anneaux de la chaîne formée par le chancelier pour détruire dans une mesure malheureusement très large la liberté industrielle. Nous avons déjà fait remarquer qu'il était probable que les lois de M. de Bismarck rendraient bien plus facile la concurrence que l'industrie française, anglaise ou italienne fait sur les marchés du monde à l'industrie allemande ; il y a des publicistes qui vont bien plus loin dans leur vue de l'avenir et dont le pessimisme est poussé à l'extrême : ils croient que la civilisation allemande court les plus graves périls et qu'elle est en danger de succomber sous l'invasion du socialisme si on ne prend pas des précautions immédiates, et si le chancelier ne s'aperçoit pas qu'il lui fournit des armes nouvelles sous prétexte de lui enlever celles qu'il puise dans l'état agité des masses populaires.

Le sénateur Gerolamo Boccardo, qui a entrepris d'éditer en Italie une *Bibliothèque des économistes*, comprenant la publication et la traduction des ouvrages des économistes italiens et étrangers, a mis en tête d'un certain nombre de volumes des préfaces qui constituent des œuvres considérables. Dans sa préface à la traduction du grand ouvrage de Schœffle sur le *système social de l'économie humaine*, il a fait une peinture très énergique, mais peut-être un peu forcée, du progrès du socialisme en Allemagne.

« Ce n'est, dit-il, qu'en 1862 que le socialisme allemand a pris la forme d'un parti, grâce à la création de la Ligue générale des travailleurs, qui, en 1867, s'est fondue dans l'Internationale ; mais ses progrès furent si rapides et, si j'osais employer cette expression, si fulminants, qu'il n'y a pas aujourd'hui au monde une nation dans laquelle le socialisme soit aussi fortement organisé qu'en Allemagne.

» Il se tient chaque année un congrès

à Gotha, dans lequel on discute et résout toutes les questions théoriques et pratiques intéressant le parti ; on y décide souverainement tout ce qu'il y a lieu de faire pour atteindre le but. Un comité central réside à Hambourg. 8 agents supérieurs et permanents propagent les ordres et le mouvement dans toutes les parties de l'empire. Ils ont sous leur commandement 14 assesseurs et 46 employés ; 77 orateurs sont détachés, par le comité, auprès des sociétés locales particulières pour catéchiser la foule et tenir son zèle en haleine ; 14 imprimeries et 40 journaux y répandent la doctrine, et on a proposé, ce qui sera sans doute réalisé, de fonder une université socialiste destinée à faire contrepoids à l'enseignement officiel. Des hommes d'un esprit supérieur, comme Hartman, Parsch, Liebknecht, Hassenclever, dirigent le mouvement et ne laissent échapper aucun moyen de publicité et d'apostolat. Il suffit de rappeler le journal illustré et de lecture agréable, *le Nouveau Monde,* qui a 35,000 abonnés; l'*Almanach du pauvre Conrad,* qui se vend à 50,000 exemplaires, et les autres instruments de publicité populaire destinés à faire pénétrer les idées socialistes dans toutes les classes qui n'ont ni assez de temps ni assez de culture pour lire des ouvrages de plus longue haleine : On ne peut, en vérité, méditer sur cette puissante organisation, sans se rappeler la terrible prophétie d'Henri Heine :

« La pensée précède l'action comme l'éclair précède la foudre. La foudre en Allemagne est allemande elle-même. Elle n'est pas prompte et roule lentement son tonnerre. Mais, soyez-en sûr, quand vous entendrez un bruit qui n'a pas encore résonné dans l'histoire du monde, sachez que c'est l'éclair allemand qui en aura donné le signal. A ce bruit les aigles tomberont morts du haut des cieux et les lions dans les déserts les plus lointains de l'Afrique abaisseront leurs queues et rentreront dans leurs cavernes. Il se passera en Allemagne un drame auprès duquel la Révolution française n'aura été qu'une innocente idylle. »

III

ITALIE

Le ciel de l'Italie est plus pur que celui de l'Allemagne. Le socialisme n'y amasse pas autant de nuages, et l'atmosphère économique y est plus semblable à celle de l'Angleterre et de la France.

Ce n'est pas à dire que les idées allemandes n'y soient pas très répandues. Les livres des socialistes purs et des socialistes de la chaire y sont lus beaucoup plus que chez nous, et tel livre de philosophie économique, qui n'est traduit ni en anglais, ni en français, y est traduit en italien. Les alliances politiques font les alliances philosophiques, et l'influence de l'Allemagne se fait sentir en Italie dans les questions d'économie politique, comme dans les questions de politique pure. Cependant l'unité italienne n'a pas, comme l'unité allemande, produit une semblable fureur de centralisation ; les sciences, les lettres et même le crédit y ont encore plusieurs capitales.

L'initiative individuelle y a plus d'action qu'en Allemagne et elle fait partie de l'héritage historique que les Italiens unis ont reçu de leurs pères. Le Socialisme d'État y fait bien des tentatives très sérieuses, mais il est combattu avec beaucoup d'avantages par une École nouvelle qui se rattache par certains côtés aux socialistes de la chaire et par beaucoup plus de côtés encore à l'École d'Adam Smith et de Jean-Baptiste Say. Cette École professe avec juste raison une grande vénération pour Schultze-Delitsch, qui a créé en Allemagne un mouvement extraordinaire d'initiative individuelle par la coopération, et elle a pour chef et pour apôtre un homme éminent, M. Luzzatti, qui cherche à éveiller partout le sentiment d'initiative et ne veut se servir de l'État, dans des circonstances déterminées, que pour développer l'initiative individuelle et pour accroître dans les classes populaires le sentiment de leur responsabilité.

Fidèle à la méthode d'exposition que j'ai employée en vous parlant du Socialisme d'État en Angleterre et en Allemagne, je voudrais analyser devant vous un document d'une très grande importance, qui résume la théorie et la pratique de l'École italienne à laquelle j'ai fait allusion.

C'est un rapport fait par une commission à la Chambre des députés d'Italie sur l'assurance contre les accidents de fabriques. La loi dont il s'agit est une loi dont le but est le même que celui de cette loi allemande qui depuis trois ans remue les esprits en Allemagne, mais elle a recours à des procédés absolument contraires à ceux du chancelier de fer. Le rapport a été rédigé par M. Luzzatti.

Il a été déposé sur le bureau de la Chambre des députés d'Italie, le 19 février 1883, au nom de la commission chargée d'examiner un projet de convention passée pour la fondation d'une Caisse nationale d'assurances contre les accidents du travail, entre le ministre du commerce d'Italie et les dix plus importantes caisses d'épargne du royaume.

L'assurance contre les accidents du travail formait en Italie, comme en Allemagne, l'objet des préoccupations publiques, et c'était une de ces questions sociales que M. Depretis, dans le discours de Stradella, avait fait entrer dans le programme du ministère.

La fondation d'une institution d'un genre tout nouveau, qui associait, dans le but de former une société d'assurances, les principales institutions libres de prévoyance d'Italie, et qui recevait de l'État divers encouragements définis avec beaucoup de précision, réalisait un des projets annoncés et constituait la première d'une série de lois « destinées à améliorer les conditions économiques des classes travailleuses ». M. Luzzatti préfère cette périphrase à la pompeuse expression de législation sociale, par des raisons qu'il expose en faisant un tableau très intéressant de ce qu'on peut appeler le mouvement social en Allemagne, en Angleterre et en Italie. C'est un somà Gotha, dans lequel on discute et résout toutes les questions théoriques et pratiques intéressant le parti ; on y décide souverainement tout ce qu'il y a lieu de faire pour atteindre le but. Un comité central réside à Hambourg. 8 agents supérieurs et permanents propagent les ordres et le mouvement dans toutes les parties de l'empire. Ils ont sous leur commandement 14 assesseurs et 46 employés ; 77 orateurs sont détachés, par le comité, auprès des sociétés locales particulières pour catéchiser la foule et tenir son zèle en haleine ; 14 imprimeries et 40 journaux y répandent la doctrine, et on a proposé, ce qui sera sans doute réalisé, de fonder une université socialiste destinée à faire contrepoids à l'enseignement officiel. Des hommes d'un esprit supérieur, comme Hartman, Parsch, Liebknecht, Hassenclever, dirigent le mouvement et ne laissent échapper aucun moyen de publicité et d'apostolat. Il suffit de rappeler le journal illustré et de lecture agréable, *le Nouveau Monde*, qui a 35,000 abonnés ; l'*Almanach du pauvre Conrad*, qui se vend à 50,000 exemplaires, et les autres instruments de publicité populaire destinés à faire pénétrer les idées socialistes dans toutes les classes qui n'ont ni assez de temps ni assez de culture pour lire des ouvrages de plus longue haleine : On ne peut, en vérité, méditer sur cette puissante organisation, sans se rappeler la terrible prophétie d'Henri Heine :

« La pensée précède l'action comme l'éclair précède la foudre. La foudre en Allemagne est allemande elle-même. Elle n'est pas prompte et roule lentement son tonnerre. Mais, soyez-en sûr, quand vous entendrez un bruit qui n'a pas encore résonné dans l'histoire du monde, sachez que maire historique présenté avec beaucoup d'art et qui contient des appréciations très dignes d'être recueillies.

L'expression de législation sociale appartient, suivant M. Luzzatti, à cette catégorie d'expressions auxquelles Bentham reprochait de préjuger leur objet, et, d'ailleurs, elle peut s'appliquer à des lois très différentes.

Le prince de Bismarck fait de la législation sociale quand il discipline la prévoyance et impose à des millions de travailleurs et de capitalistes l'assurance obligatoire en cas d'accident ou de maladie. C'est encore sous le nom de législation sociale qu'on connaît les institutions de l'empereur Napoléon III, qui fonctionnent encore sous le gouvernement républicain. La législation anglaise enfin, due à l'initiative de M. Gladstone, en ce qui concerne par exemple les caisses d'épargne postales et les petites assurances, peut être également appelée sociale.

Cependant il y a, au point de vue économique, des différences essentielles entre tous ces modes d'intervention. M. Luzzatti les classe en trois catégories :

Ou bien ce sont des lois qui cherchent à substituer l'action de l'État à la prévoyance individuelle et à l'association libre, et à faire exercer cette action par des méthodes qui, en fait comme en droit, donneraient à l'État la direction suprême des classes ouvrières. C'est le programme du prince de Bismarck. Cette nature de législation a un caractère socialiste.

Ou bien ce sont des lois qui visent à employer l'action de l'État pour encourager, accroître, favoriser l'épargne ouvrière dans des formes particulières et avec des objets divers, comme en France, au moyen de la caisse des retraites pour la vieillesse et de la caisse des accidents du travail, et comme en Italie, dans divers projets soumis au Parlement. L'action de l'autorité publique cherche à donner à l'énergie individuelle les forces qui lui font défaut, et alors on dit de cette nature de législation qu'elle a un caractère social.

En troisième lieu, l'État, comme en Angleterre, entend prêter aux classes les moins fortunées de la population ses organes administratifs pour faire fructifier leurs épargnes de diverses façons, mais avec l'intention formelle de ne pas perdre et de ne pas gagner, et pousse le scrupule jusqu'à faire peser sur les opérations faites pour le compte des populations qu'on veut favoriser les moindres frais d'administration qui les concernent. Cette législation mérite, suivant le rapporteur, d'être appelée économique.

Comme on a donné le même nom à tant de choses diverses, M. Luzzatti le laisse de côté pour ne pas associer à la fortune de ce nom le fond même des choses. Entrant dans l'examen de l'objet théorique et de l'effet pratique des diverses lois sociales, M. Luzzatti remarque que de toutes les institutions d'État créées dans le but d'améliorer le sort des classes laborieuses, une seule a prospéré et grandi dans le monde entier, c'est la caisse d'épargne postale. Depuis l'Angleterre, où elle est née en 1861, jusqu'à l'Autriche, qui est entrée la dernière dans cette voie, partout le succès des caisses d'épargne postales a été grand et légitime. Le fin réseau des bureaux de la poste enveloppe la prévoyance. L'esprit de prévoyance endormi se réveille, il est forcé d'agir, il devient plus fort. La caisse postale, joignant à l'universalité du livret l'omniprésence du bureau de recettes, donne à l'épargne le maximun de sécurité et le maximun de mobilité. Mais les autres institutions n'ont pas eu la même fortune, quel que soit le programme auquel elles obéissent, qu'elles aient un caractère socialiste, social ou économique, pour suivre la distinction posée en tête de l'exposé italien. Il suffit de se rappeler, dit M. Luzzatti, que, tandis que la caisse d'épargne postale anglaise a recueilli depuis l'origine jusqu'en 1881 des dépôts montant à 36 millions de livres sterling, la caisse des petites assurances fondée par M. Gladstone en 1865 n'a, depuis l'origine, stipulé que pour 172,000 livres de rentes viagères et n'a fait d'assurances sur la vie que pour une valeur de 515,000 livres. Le même insuccès a été constaté partout où l'État se mêle de faire des assurances en même temps qu'i' recueille les épargnes. La conclusion de la commission italienne est celle-ci : « Les résultats en Italie ne seraient pas très différents de ce qu'ils sont ailleurs, lors même qu'on chercherait à obvier à quelques-uns des inconvénients que présentent les institutions étrangères. Il est bon de le dire haut et clairement, afin de dissiper les illusions sur les fallacieux renouvellements sociaux confiés à des institutions d'État. Ces institutions ne peuvent changer les conditions de notre misérable nature humaine, ni insinuer dans nos âmes les vertus qui leur manquent, ni élever les salaires pour permettre d'en tirer de plus grandes épargnes, parce que nous dépendons des conditions générales et inexorables de l'économie nationale. Il convient à ce propos d'indiquer clairement quelle est la tâche de l'État dans ces matières délicates, car la ligne qui sépare l'utile du nuisible, l'illusion de la réalité, est chose si subtile que les yeux vulgaires ne peuvent l'apercevoir et qu'il faut, pour la discerner, faire des recherches assidues et profondes. »

Il y a bien des années que l'Italie a vu naître dans son sein des mouvements populaires en faveur de l'épargne et qu'on s'y est préoccupé de perfectionner les associations libres de prévoyance. Le Piémont avait donné l'exemple d'organisations admirablement conçues pour les sociétés de secours mutuels, et, depuis 1859, le type piémontais des sociétés de secours mutuels s'est répandu dans tout le nord de l'Italie ; avec les sociétés de secours se sont développés les écoles populaires et les magasins alimentaires. Enfin, à une époque où on parlait d'améliorer le sort des classes populaires plus ingénument, et peut-être plus sincèrement qu'aujourd'hui, parce qu'on était inspiré par des sentiments de fraternité, et non par la peur de l'Internationale, à partir de 1866, on a vu se produire le grand mouvement des banques populaires et des sociétés coopératives de production et de consommation, mouvement qui a pris tant de développement et qui s'épanouit aujourd'hui avec tant de magnificence. Et tout cela a été fait spontanément par l'accord de toutes les classes de citoyens, par l'association de l'aisance et de la misère, de la culture d'esprit et de l'ignorance.

Rien n'est plus intéressant que les détails donnés dans le rapport de M. Luzzatti sur les progrès des sociétés de secours mutuels, des caisses d'épargne, des banques populaires en Italie. Il y a plus de 2,000 sociétés de secours mutuels, 357 caisses d'épargne libres, sans compter les 3,458 bureaux de postes, qui sont en même temps des bureaux de la caisse d'épargne postale, 206 banques populaires, et tout cela est dû à l'action libre de la prévoyance individuelle. Ce qui est surtout remarquable en Italie, c'est la décentralisation du crédit, qui se traduit par l'emploi des épargnes du peuple au lieu même où ces épargnes se produisent.

Comment peut-on faire servir un mouvement aussi sérieux de prévoyance libre, et cette heureuse fortune d'avoir su maintenir une véritable décentralisation du crédit, à créer une institution dont le besoin se fait sentir partout, l'assurance contre les accidents du travail? Tel est le problème qui se posait devant le Parlement italien et qui a été résolu de la façon la plus heureuse et la plus nouvelle par l'association volontaire des plus importantes caisses d'épargne libres de l'Italie.

Les caisses d'épargne d'Italie ne ressemblent pas aux nôtres. Elles jouissent bien de certains privilèges, tant au point de vue fiscal qu'au point de vue de leur constitution. L'impôt sur le revenu y est appliqué par exemple aux capitaux de leurs déposants dans des conditions très favorables. On ne peut donc pas dire que l'action de l'État soit nulle en ce qui les concerne, mais elle est très limitée. Ce qui les distingue le plus des caisses d'épargne françaises, c'est qu'elles peuvent disposer librement des capitaux qui leur sont confiés et qu'elles en tirent un produit par des placements absolument volontaires. C'est à ces banques autonomes que, sur l'initiative de M. Luzzatti, le gouvernement s'est adressé pour constituer une société d'assurances ouvrières. Dix institutions ont répondu à son appel; ce sont les caisses d'épargne de Milan, de Bologne, de Turin, de Venise, de Rome, de Cagliari et quatre établissements qui sont les fondateurs ou les propriétaires de caisses d'épargne qu'ils ont fondées, à savoir : le Mont des pâturages de Sienne, le Mont-de-Piété de Gênes, la Banque de Naples et la Banque de Sicile.

Des conférences ont eu lieu à Milan entre M. Luzzatti, qui représentait le ministre du commerce, et les délégués de chacune des dix institutions que nous avons nommées. On est tombé tout de suite d'accord sur la nécessité de former un capital de garantie, et de prendre des mesures pour pourvoir en tout état de cause aux frais annuels de l'administration nouvelle, et enfin, sur l'urgence qu'il y avait à préparer des éléments statistiques assez complets et assez exacts pour qu'on pût proportionner les primes à faire payer par les assurés aux risques que ces assurés pouvaient faire courir.

Les caisses d'épargne ont souscrit un capital de garantie de 1,500,000 francs, qui a été fourni par chacune d'elles dans des proportions diverses.

Les mêmes caisses se sont engagées, en outre, à pourvoir aux frais annuels d'administration dans la proportion de leur souscription au capital de garantie. On a cherché à réduire autant que possible les dépenses par une intervention de l'État dont il sera question plus loin. Enfin, on a arrêté les bases du travail de statistique, qui permettra de calculer le montant des primes suivant les cas.

Il n'est pas inutile de jeter un coup d'œil sur chacun des établissements fondateurs.

Le premier de tous est la Caisse d'épargne de Milan, qui est l'institution de prévoyance la plus riche de toute l'Italie et dont les efforts ont produit les résultats les plus complets. Elle date de 1823 et a été fondée par une commission qui avait été chargée d'administrer un fonds de secours formé au moyen d'une imposition spéciale établie sur les communes de Lombardie pour soulager les misères de 1817. Il restait un reliquat qui a constitué le premier capital de la caisse d'épargne.

Aujourd'hui le capital est de plus de 30 millions de francs et les dépôts atteignent près de 300 millions de francs. Il y a des bénéfices annuels qui sont employés à doter certains établissements annexes, comme un crédit foncier, un magasin général des soies, et qui servent en outre à répartir une certaine somme en subventions au profit d'un grand nombre d'institutions de prévoyance ou de charité, comme les maisons de correction pour les jeunes gens, les établissements de sourds-muets ou d'aveugles, les sociétés pour la protection de l'enfance, pour le patronage des condamnés libérés, pour les cures de bains de mer, pour les secours aux inondés, pour les rachitiques, pour des asiles, des écoles, enfin pour éveiller et seconder toutes les œuvres de prévoyance dues à l'initiative individuelle. La Caisse d'épargne de Milan a souscrit 600,000 francs dans le capital de la nouvelle Caisse des assurances contre les accidents et s'est engagée à pourvoir aux frais d'administration dans la proportion des six quinzièmes.

La seconde en importance parmi les caisses d'épargne fondatrices est la Caisse d'épargne de Bologne, qui a été fondée par une société de personnes dévouées, en 1837, avec un capital de 26,000 francs fourni par cent personnes. Elle possède un capital de 3 millions et a un compte de dépôts de plus de 20 millions de francs. Comme la Caisse d'épargne de Milan, elle possède un crédit foncier dont elle a formé le capital par un prélèvement sur ses bénéfices, et elle a annexé, en outre, à ses opérations un crédit agricole dans les termes de la loi de 1869, avec un capital formé comme celui du Crédit foncier au moyen de ses bénéfices. Elle est entrée pour 100,000 francs dans le capital de la Caisse des assurances et s'est engagée à pourvoir aux frais dans la proportion d'un quinzième.

La Caisse d'épargne de Turin est le troisième actionnaire, pour 100,000 francs également, avec une participation d'un quinzième dans les frais annuels ; c'est une institution qui date de 1827, et a été fondée par la ville de Turin. Elle formait d'abord une branche qui s'est détachée depuis lors d'une caisse de cens et de prêts. Elle s'est formé un capital par l'accumulation de ses bénéfices.

La Caisse d'épargne de Rome date de 1836, et a été organisée par des souscripteurs privés ; elle est le quatrième actionnaire de la Caisse des assurances et a souscrit pour un quinzième dans le capital et les frais annuels.

La Caisse d'épargne de Venise date de 1822 ; elle a été fondée par le mont-de-piété et est devenue indépendante en 1853 ; elle est garantie par la municipalité qui en nomme les administrateurs. Elle concourt à la Caisse des assurances pour un demi-quinzième.

La Caisse de Cagliari, enfin, qui a souscrit également pour un demi-quinzième, est une caisse d'épargne indépendante fondée par des particuliers et aidée à l'origine par le mont-de-piété de cette ville.

A ces six caisses d'épargne il faut ajouter quatre établissements qui sont intervenus au contrat comme propriétaires de caisses d'épargne : ce sont le Mont-de-Piété de Gênes, le Mont des pâturages de Sienne et les deux Banques de Naples et de Sicile.

Le Mont-de-Piété de Gênes a fondé une caisse d'épargne en 1844 et la gère sous sa garantie ; il a souscrit dans la Caisse des assurances un vingtième du capital.

Le Mont des pâturages de Sienne est une des plus anciennes institutions de crédit de l'Italie. Il a été fondé en 1622 par le gouvernement des Médicis sur les instances du collège de la Balie de Sienne, dans le but de modérer l'usure. On a affecté, dès le

XVIIe siècle, à la garantie de ses opérations, les pâturages de la Maremme, qui appartenaient au domaine public; de là le nom sous lequel on le connaît. La municipalité de Sienne en nomme les administrateurs. Le Mont des pâturages a ouvert une caisse d'épargne qu'il gère sous sa responsabilité. C'est au nom de sa caisse d'épargne qu'il a souscrit un quinzième dans l'affaire de la Caisse des assurances contre les accidents.

La Banque de Naples est une grande banque d'émission. Elle gère la Caisse d'épargne Victor-Emmanuel, et c'est pour cette raison qu'elle a souscrit deux quinzièmes dans la Caisse des assurances. La Banque de Sicile, qui est aussi une grande banque d'émission, possède également une caisse d'épargne et a souscrit un quinzième.

La loi qui approuve la fondation de la

Caisse nationale d'assurances contre les accidents du travail concède l'exemption des droits de timbre et d'enregistrement à l'institution nouvelle pour ses polices, ses registres, ses certificats, ses actes de notoriété et tous les autres documents relatifs aux opérations de l'assurance ; en outre, les caisses d'épargne postales doivent faire gratuitement le service de l'encaissement des primes et du payement des indemnités. C'est la Caisse d'épargne de Milan qui a été chargée de rédiger les tarifs et de déterminer les cas qui donnent ouverture à des indemnités au profit des assurés.

Telle est l'organisation ingénieuse qui remplace en Italie la loi allemande de l'assurance obligatoire par l'État. La différence entre les deux systèmes est frappante. En Allemagne, la contribution de l'ouvrier cesse d'être une prime et devient un impôt; la prévoyance n'est plus une vertu individuelle; elle devient une fonction gouvernementale. En Italie, la prime est le payement spontané du service que l'assurance rendra un jour à l'ouvrier. C'est tout autre chose. On maintient le stimulant de la prévoyance personnelle. C'est par la société de secours mutuels que l'ouvrier italien est conduit à la caisse d'épargne, et c'est par la caisse d'épargne qu'il est conduit à l'assurance. C'est à la sueur de son front qu'il réunit les diverses sommes qu'il verse dans les institutions de prévoyance à tous les degrés. Ce n'est pas un contribuable qui porte ses épargnes au percepteur, c'est un citoyen libre qui fait un contrat et qui prélève sur ce qu'il gagne ce qu'on lui rendra plus tard avec les intérêts capitalisés et avec les avantages de la mutualité. On s'était demandé dans le sein de la commission italienne s'il fallait tenir compte des différentes classes de risques et si l'on ne devait pas s'arrêter au système des primes uniformes pour tous les assurés afin de rendre plus facile l'assurance de ceux des ouvriers qui sont soumis à des dangers plus grands, ce qui pourrait se faire par une augmentation légère de la prime exigée de ceux qui exercent des industries moins périlleuses.

On se souvient que la doctrine de l'égalité des primes est une doctrine allemande et qui dérive de l'assimilation de l'assurance à l'impôt. M. de Bismarck lui-même a dû reculer devant les difficultés de son application. Aussi la commission italienne a-t-elle décidé avec juste raison que la Caisse nationale devait adopter le système de la classification exacte des catégories de dangers, comme le prince de Bismarck le propose lui-même dans son projet et comme le font les meilleures compagnies privées d'assurances qui existent en Europe et en Amérique.

En même temps que le gouvernement italien présentait au Parlement un projet de caisse d'assurances contre les accidents du travail, il lui soumettait une autre proposition dont le but était de créer une caisse nationale de retraite pour la vieillesse. Ce n'est pas d'ailleurs une idée nouvelle en Italie. Une première tentative avait été faite par M. de Cavour en 1859.

Avec la perspicacité et la rectitude de jugement qui le caractérisaient, Cavour avait dit, avec raison, que là où il existe des caisses d'épargne et des sociétés de secours mutuels il était nécessaire d'organiser une caisse de rentes viagères, afin de compléter un système de bienfaisance qui n'eût pas pour fondement la charité des plus riches, et pour instrument leurs bienfaits, mais qui pût être assis sur la prévoyance et alimenté par l'épargne.

Rappelant cette tentative, l'exposé des motifs du projet du gouvernement italien, déposé au Parlement le 19 février 1883, ajoutait :

« Cette idée de Cavour, traduite dans des termes si heureux, conduisit le ministère dont il était le président à présenter un projet de loi qui fut approuvé par le Parlement subalpin, et dont l'objet était d'instituer une caisse de rentes viagères pour la vieillesse. L'épargne, disait le rapport placé en tête du projet, n'est pas seulement une habitude utile au point de vue économique, c'est de plus la source et l'occasion de beaucoup de vertus domestiques et sociales ; mais deux causes principales en éloignent les classes les moins aisées : d'une part, c'est la difficulté d'accumuler les petites sommes épargnées et de les faire valoir fructueusement ; d'autre part, c'est la pensée décourageante qu'on est impuissant à ramasser un pécule suffisant pour pourvoir aux nécessités de la vie, pour l'âge où les besoins augmentent, tandis que la faculté d'y pourvoir diminue ou même disparaît. Les caisses d'épargne, destinées à faciliter l'accumulation et l'emploi des petites épargnes, permettent de vaincre le premier des deux obstacles, mais ne suffisent pas pour le second.

L'institution que le gouvernement proposait de fonder avait pour objet de vaincre ce second obstacle et formait le complément et le couronnement du système des caisses d'épargne.

Le 23 mars suivant, la commission parlementaire faisait son rapport et approuvait à l'unanimité la création de la caisse sur la base de la garantie de l'État pour inspirer la confiance absolue, qui est une condition indispensable du succès d'une semblable institution.

Le projet fut discuté par les deux Chambres pendant la guerre de Lombardie et devint une loi du royaume, le 15 juillet 1859, peu après la signature des préliminaires de Villafranca. Mais elle ne put pas être mise à exécution à cause des événements de 1860 et de 1861. Ce ne fut qu'en 1877 que la question fut de nouveau soulevée par l'initiative d'un membre de la Chambre des députés.

Elle a été reprise en 1881 par le gouvernement dans un projet très vivement critiqué parce qu'il obligeait les caisses d'épargne libres à subventionner la caisse des retraites par un abandon du cinquième de leurs bénéfices nets.

Ce premier projet a été retiré et remanié, et, le 19 février 1883, le jour même où M. Luzzatti distribuait à la Chambre des députés de Rome son rapport sur la Caisse d'assurances contre les accidents du travail, le gouvernement déposait un projet de loi portant création d'une Caisse nationale de pensions, et le faisait précéder d'un exposé des motifs, rédigé par M. Berti, ministre du commerce.

Ce nouveau projet, qui n'est pas encore venu en discussion, a la prétention de respecter la liberté individuelle et d'éveiller l'esprit d'initiative. M. Berti affirme avec juste raison que la prévoyance doit être libre, et que c'est en détruire le principe que de la rendre obligatoire. Il cherche simplement à mettre à la disposition des ouvriers les moyens de réaliser leurs bonnes intentions. Il n'a pas d'autre but que de seconder leur initiative. Il pousse même le désir de la seconder, jusqu'à offrir, pour l'exciter, des subventions qui sont, on peut le craindre, de nature à produire un effet tout contraire ; car rien n'est plus dangereux que les lois des pauvres, et rien ne brise plus sûrement les ressorts de l'action individuelle que l'exercice par l'État d'une charité trop étendue.

L'exposé des motifs renferme, d'ailleurs, beaucoup d'observations du plus haut intérêt sur la situation des classes laborieuses en Italie, sur le nombre des fondations charitables et sur les capitaux ou revenus dont ces fondations disposent.

Il y a, suivant M. Berti, deux catégories d'ouvriers auxquelles son projet de caisse de retraite peut s'appliquer, et qui fourniront un personnel abondant de souscripteurs à inscrire au rôle des rentes viagères.

La première catégorie comprend les ouvriers qui, en général, vivent à peu près comme la petite bourgeoisie et les petits employés; ce sont des surveillants, des chefs ouvriers, des ouvriers qui, comme les typographes, les lithographes, les mécaniciens, etc., doivent acquérir par un long apprentissage l'habileté spéciale nécessaire à l'exercice de leur profession.

En raison des difficultés de leur travail et des dangers auxquels ils s'exposent, comme par exemple les mineurs, ils reçoivent des salaires élevés qui égalent et quelquefois même dépassent les appointements des petits employés ou les bénéfices des petits commerçants.

La seconde catégorie comprend des

ouvriers de salaires moyens. Ce ne sont pas de simples manœuvres, mais ils exercent un métier déterminé, soit dans les fabriques, soit au dehors, sans avoir besoin de posséder des connaissances professionnelles, et sans être exposés à des interruptions prolongées de travail.

Il y a enfin une troisième catégorie à laquelle appartiennent les simples manœuvres, les terrassiers, les portefaix, et d'autres ouvriers dont le travail diffère peu de celui des simples manœuvres. Il faut y comprendre aussi les ouvriers qui exercent un métier, mais qui, par suite de la nature de leur état, restent une bonne partie de l'année sans occupation.

Les briquetiers et les maçons sont dans ce cas, spécialement dans les pays où la saison hivernale est dure et longue. Il y a encore les ouvriers des papeteries, ceux qui sont employés dans l'industrie de la soie, et parmi lesquels il y a beaucoup de femmes.

L'exposé des motifs ne compte pas beaucoup sur cette dernière catégorie pour former la clientèle de la caisse des retraites, tout en espérant toutefois que l'institution qu'on va fonder pourra les attirer un jour, quand l'augmentation de la richesse générale les aura fait monter d'un degré dans l'échelle sociale. Si on a l'espoir d'obtenir des résultats favorables auprès des ouvriers des villes, on ne peut guère, d'autre part, attendre de concours des ouvriers de la campagne. Les paysans d'Italie sont, nous dit-on, très prévoyants, mais leur salaire est si faible qu'ils n'ont guère la possibilité de faire des épargnes. Quand ils ont, par hasard, une somme d'argent à leur disposition, ils achètent un petit morceau de terre; ce qui se voit d'ailleurs autre part qu'en Italie. M. Berti croit qu'avec le temps on verra s'améliorer le sort des habitants de la campagne, et il compte pour y arriver sur le développement de l'exportation des produits du sol, comme les volailles, les fruits et même le fourrage, développement dont les progrès sont extrêmement rapides, et qui profitent encore plus aux colons et aux ouvriers de la terre qu'aux propriétaires qui les emploient. L'exposé fait observer que les institutions de bienfaisance sont naturellement bien moins nombreuses et bien moins riches dans les communes rurales que dans les villes. Il résulte d'une statistique faite en 1878 par le ministère de l'intérieur que les dix villes d'Italie qui ont plus de 100,000 habitants possèdent ensemble des fondations charitables dont le patrimoine représente une valeur de 666 millions de francs. C'est plus du tiers de la valeur totale du patrimoine des fondations charitables de tout le royaume. Il y a 2,431 communes qui ne possèdent aucune fondation quelconque de bienfaisance. Or le projet a pour but d'associer dans une même action les institutions de prévoyance et les institutions de bienfaisance, aussi bien dans les campagnes que dans les villes. C'est un programme très séduisant, mais très difficile à réaliser, même dans les villes. Nous allons voir comment on s'y est pris pour essayer de le mettre en pratique.

La caisse dont il s'agit est très différente des caisses du même genre, instituées dans les autres pays. Ce n'est pas une caisse d'assurances comme celle de M. Gladstone, qui fournit des rentes viagères pour amortir la Dette publique à tous ceux qui en demandent et qui est administrée au pair, c'est-à-dire sans gain ni perte ; ce n'est pas non plus une caisse de retraite comme celle que le ministre des finances veut substituer chez nous à l'ancienne Caisse des retraites de l'Empire, qui non seulement, selon M. Tirard, ne doit faire ni gain ni perte, mais qui ne doit pas non plus fonctionner comme caisse d'amortissement.

La Caisse italienne ressemble plutôt à nos sociétés de secours mutuels, où il y a des membres honoraires et des membres participants. Les membres participants payent des cotisations et reçoivent une rente viagère à un âge déterminé. Les membres honoraires ne reçoivent pas de rentes, mais font des versements qui sont employés à majorer les rentes des autres.

Ce n'est pas une caisse d'assurances où les primes sont la représentation exacte des risques, c'est une institution de bienfaisance et, à ce titre, elle n'est pas ouverte à tout le monde. Elle n'admet à la participation de ses bienfaits que des personnes choisies. Au besoin elle les traite comme la caisse d'assurances contre les accidents, sans avoir encaissé des primes correspondantes, et elle peut, par simple bienveillance, accorder une rente viagère avant l'âge à ceux qui sont frappés d'une incapacité absolue de travail.

On a reproché à ce projet, et non sans raison, d'avoir imité la caisse d'assurances contre les accidents du travail dans la forme, sans lui avoir emprunté ce qu'elle avait de meilleur.

Comme pour la caisse d'assurances contre les accidents, le ministre a demandé à de grandes banques d'émission d'apporter une souscription ; comme dans la caisse d'assurances contre les accidents, il propose de couvrir une partie de la dépense par un prélèvement sur certains bénéfices de caisses d'épargne. Mais l'analogie ne va pas plus loin ; elle s'arrête à la surface, elle est dans la forme ; elle n'est pas dans le fond, c'est ce qu'il est très facile de montrer.

Le ministre du commerce a cherché de tous les côtés à recruter ce que nous avons appelé les membres participants de sa nouvelle caisse des retraites, et, pour faire pendant à l'intervention des deux grandes banques d'émission qui ont concouru à la fondation de la caisse d'assurances contre les accidents du travail, il a obtenu deux souscriptions, l'une de la Banque nationale du royaume, et l'autre de la Banque nationale toscane. Mais cette intervention est purement charitable et ne constitue pas une affaire. La Banque nationale s'engage à prélever sur le fonds qu'elle consacre aux œuvres de charité une somme de 25,000 fr. par an pendant cinq ans. La libéralité qu'elle consent à faire devra être employée en primes de premier versement au profit des ouvriers qui s'inscriront à la nouvelle caisse de retraite. La Banque de Toscane, de son côté, a souscrit 2,500 fr. une fois payés pour prime de premier versement au profit d'ouvriers appartenant à la région dans laquelle elle exerce ses attributions, mais ce n'est pas une affaire constituée par les banques, c'est à une organisation d'État que l'administration de la caisse est confiée. Ce sont des fonctionnaires qui la feront marcher et non pas des sociétés libres associées comme dans le cas de la caisse des accidents. Le projet de loi attribue à la caisse des retraites deux décimes des produits nets de la caisse d'épargne postale, ce qui n'est pas du tout la même chose que le concours spontané des caisses d'épargne libres, gérant librement la caisse d'assurances avec les moyens dont elles disposent; ces ressources ne suffiraient pas d'ailleurs, et on y a joint une dotation qu'on a trouvée dans les balances du budget, où on a été les chercher comme nous avons fait en France quand nous avons employé, dans un but analogue, les excédents de recettes des exercices passés. Une de ces dotations se composera du reliquat dont le Trésor restera en possession après le retrait du papier-monnaie, et qui représentera les billets perdus ou détruits; une autre, des sommes libres d'un fonds constitué avec les biens des couvents; et les deux ensemble peuvent être évaluées à 30 millions de francs.

Nous avons vu que c'est la caisse d'épargne postale qui doit abandonner à la caisse des retraites une partie de ses bénéfices. Pour les caisses d'épargne ordinaires, les banques populaires, les institutions de crédit, les œuvres pies, on ne les forcera pas à souscrire, comme il en avait été d'abord question ; on leur donnera seulement la faculté de faire des premiers versements au profit de personnes désignées, ou au profit d'un certain nombre de membres participants, sans désignation de personnes.

Toute l'organisation de la Caisse des retraites italienne repose donc sur la bienfaisance, car les versements des membres participants seraient insuffisants pour constituer à leur profit une pension sérieuse, quoique l'État garantisse un taux de capitalisation de 5 0/0. Aussi a-t-on organisé des méthodes pour admettre ou refuser les candidats, car la charité ne peut se faire indistinctement, et il faut bien qu'elle choisisse ses bénéficiaires. C'est une commission provinciale qui examine les demandes d'inscription et qui se prononce sur l'admissibilité. Cette commission est composée dans chaque province d'un membre nommé par le gouvernement, d'un délégué du conseil municipal du chef-lieu et de deux présidents de sociétés de secours mutuels. Il y a enfin une commission centrale qui siège à Rome, qui est nommée par le roi et qui est présidée par le ministre et qui contrôle les commissions locales.

Il est malheureux qu'on n'ait pas suivi pour la caisse de retraite pour la vieillesse la voie qui avait été si heureusement ouverte par M. Luzzatti et son École. On y aurait peut-être trouvé une solution analogue. L'Italie a l'avantage de posséder un très grand nombre de sociétés de secours mutuels très scientifiquement organisées et très décentralisées. Ces sociétés ont les liens les plus intimes avec les caisses d'épargne et les banques populaires.

De même qu'on a fait sortir la caisse des assurances contre les accidents du travail de l'union des caisses d'épargne libres, de même on aurait peut-être pu faire sortir la caisse de retraite pour la vieillesse de l'union des sociétés libres de secours mutuels. Mais la loi de M. Berti n'est pas encore votée par le Parlement; on peut encore espérer qu'elle sera sensiblement améliorée. Toujours est-il que le programme de Stradella sur ce qu'on a appelé la législation sociale est suivi avec une constance et une décision très dignes de remarque et qu'on côtoie les difficultés du socialisme avec beaucoup de résolution et de prudence à la fois.

L'analyse que nous venons de faire du rapport de M. Luzzatti sur la caisse des accidents et de l'exposé des motifs de M. Berti sur la caisse de retraite peuvent donner une idée des tendances et des progrès du Socialisme d'État en Italie et des moyens qu'on emploie pour y résister. La situation y est certainement meilleure qu'en Angleterre. Comme on s'y inquiète plus que de l'autre côté de la Manche des doctrines allemandes, on est mieux préparé pour les combattre et on a plus de chances de faire triompher les principes libéraux sur les principes autoritaires.

Mais nous ne pouvons pas prolonger cet examen. Il faudrait des volumes pour exposer et juger tous les projets que, sur toute la surface de l'Europe, enfante tous les jours l'esprit d'intervention et de centralisation, et, si nous entrions dans plus de détails, nous pourrions risquer de nous égarer. Il faut nous résumer et conclure.

IV

CONCLUSION

Nous avons longé pour ainsi dire les frontières françaises pour reconnaître les progrès que fait tout autour de nous ce grand ennemi de la liberté qu'on appelle le Socialisme d'État.

Nous avons vu comment la lutte est engagée et quelles sont les chances diverses des partisans de la contrainte et de ceux de l'initiative individuelle.

En Angleterre, l'École démocratique et

libérale, qui est au pouvoir, semble peu se soucier des doctrines, et résout empiriquement les difficultés, au fur et à mesure qu'elles se présentent.

Le parti conservateur, qui est dans l'Opposition, ne résiste pas mieux que le parti libéral à l'entraînement des faits, et lord Salisbury montre dans la question des logements ouvriers plus de dispositions à l'intervention que ses adversaires politiques. S'il y a une règle pour les amis de M. Gladstone, c'est simplement de ménager le budget en ne portant pas au compte des dépenses publiques les facilités qu'on donne aux institutions de prévoyance. L'État, suivant M. Fawcett, peut offrir son organisation perfectionnée au public et entreprendre pour son compte des affaires de banque ou de commerce, mais à la condition de ne point s'attribuer de monopole et de ne rien offrir à sa clientèle au-dessous du prix naturel.

En Allemagne, c'est la doctrine qui est souveraine. Sous prétexte que les intérêts sont loin d'être harmoniques, elle pousse l'État à intervenir dans la distribution des richesses par la contrainte et par la transformation en impôts d'un certain nombre de dépenses qui devraient rester personnelles. L'État prend hardiment la responsabilité du sort des classes laborieuses et le parti conservateur commet la faute de faire du socialisme sous prétexte que, en l'organisant lui-même, il s'en rend maître. C'est là un péril extrême. Il est pourtant permis d'observer, et cette considération peut rendre quelque espoir aux amis de la liberté, que la lutte est avant tout politique et qu'elle tire la plus grande partie de son intérêt de l'opposition qui existe entre la centralisation impériale et la décentralisation des États particuliers. Or, les points de vue politiques sont changeants, ce qui peut faire supposer que les conditions de la lutte se modifieront un jour et pourront devenir meilleures pour les libéraux.

En Italie les doctrines allemandes ont fait beaucoup de chemin, mais l'unité du royaume s'achève sans qu'il soit nécessaire de recourir aux excès de la centralisation. L'histoire est, dans ce pays, l'alliée naturelle des libéraux, et la prévoyance individuelle y est heureusement encore plus en honneur que la prévoyance gouvernementale. Non seulement l'Italie ne modèle pas ses lois sur celles de M. de Bismarck, mais elle paraît rester en deçà du système de M. Gladstone. Il ne suffit pas aux hommes d'État qui sont à la tête du mouvement social, et qui le dirigent, que les affaires dont l'État voudrait s'emparer puissent être des affaires productives ou du moins sans perte; ils distinguent entre les diverses affaires que l'État peut entreprendre et ils ne s'occupent que de celles qui ont pour objet la formation du capital par l'épargne. Loin d'endormir l'initiative individuelle, ils l'éveillent pour en accroître l'action. Leur but est de favoriser l'accroissement du capital national.

Si nous rentrons en France après avoir regardé ce qui se passe autour de nous, et si nous faisons notre examen de conscience, après avoir jugé les autres, nous sommes obligés de reconnaître que, dans les questions qu'on appelle sociales, nous nous laissons aller plus que tout le monde à la dérive et que nous sommes conduits par les faits sans essayer de nous en rendre maîtres. Ne semble-t-il pas à beaucoup de personnes qu'un projet dont le but est honnête et favorable à l'amélioration du sort des classes laborieuses doit être, par cette seule raison, pris en considération? Le côté pratique des choses nous échappe, et le côté théorique ne nous préoccupe pas, ce qui paraît contradictoire. On ne s'inquiète pas des doctrines, on ne fait pas même l'honneur à celles qui nous viennent d'Allemagne de les réfuter ; on ne se donne pas la peine de chercher pour les combattre les raisons scientifiques et les raisons politiques ; les économistes s'endorment dans un optimisme indolent sur l'oreiller facile du « laissez faire ».

Le goût des luttes économiques a beaucoup passé, et il me semble qu'on serait très étonné de voir un Bastiat et un Proudhon soutenir en public des thèses l'un contre l'autre. Il est vrai que l'art de discuter s'est moins perfectionné que l'art de fermer la bouche à ceux dont on n'approuve pas les idées. C'est peut-être pour cela que l'économie politique est moins batailleuse et qu'elle ne se mêle plus autant qu'autrefois aux luttes politiques. Dans un pays de suffrage universel comme le nôtre, on n'a pourtant pas le droit de négliger un adversaire quel qu'il soit, et on a tort de croire que la raison peut avoir raison sans efforts. Ce qui nous sauve, c'est que les théories allemandes ont beaucoup de peine à passer la frontière et que nos socialistes n'ont pas en réalité de doctrines; c'est en cela qu'ils sont inférieurs à leurs ancêtres de 1848. On a toujours remarqué que les partis qui n'ont pas de doctrine ont beaucoup de peine à faire prédominer leurs vues. La faiblesse de nos adversaires sur ce point peut donc nous donner de grands avantages dont nous pourrons peut-être profiter quand même, malgré la faiblesse de notre organisation et malgré la difficulté que nous éprouvons à réunir nos efforts dans un but commun.

L'Empire a créé en France quelques institutions comme la Caisse de retraite pour la vieillesse, la Caisse d'assurances contre les accidents, dont bien des gens voudraient étendre l'action, en faisant des fonctionnaires publics qui les administrent de plus parfaits commerçants. Il n'est pas jusqu'aux maisons d'ouvriers dont on a proposé de faire entreprendre la construction sous la garantie de l'État. Pour beaucoup de personnes enfin, les lois sur les sociétés de secours mutuels sont une occasion de demander que les maladies, le chômage et toutes les misères de la vie soient garantis par l'État.

Mais tout cela paraît être plutôt une rumeur socialiste qu'une conception précise. Il est probable qu'on ramènera bien des gens quand on leur montrera que les remèdes qu'ils préconisent ne peuvent pas avoir d'efficacité.

L'État ne peut pas faire la fortune de tout le monde, c'est une vérité qui heureusement n'a pas besoin d'être démontrée dans nos Chambres françaises. Ce qu'il faut espérer, c'est que le plus grand nombre possible de personnes arrivent peu à peu à se former un petit capital. C'est du côté de la formation des capitaux que l'on doit porter toute son attention. Dans un pays démocratique comme le nôtre, on ne peut pas soutenir que l'État doit s'occuper uniquement de la sécurité des personnes. On doit lui prêter un autre souci sans le faire sortir plus qu'il ne convient du rôle qu'il est appelé à jouer dans la société. Le souci des gouvernants doit être d'encourager l'épargne, c'est le seul moyen pratique d'élever la condition des masses populaires.

Les socialistes qui, dans les émeutes de Biella en Italie, violaient les caisses d'épargne, détruisaient les livrets, écrivaient sur la porte des cabarets : « Voilà la caisse d'épargne des pauvres, » faisaient voir jusqu'à quel degré d'insanité pouvaient arriver les disciples de Lassalle et de Karl Marx, quand ils sont brutaux ; mais ils avaient raison d'attaquer la caisse d'épargne s'ils étaient les sincères croyants de la doctrine qui considère le capital comme l'ennemi des classes travailleuses. Il ne faut pas, en effet, chercher à faire des capitalistes quand on ne croit pas au capital. Si vous ne voulez plus du capital, brisez les caisses d'épargne, vous êtes conséquents avec vous-mêmes.

Le socialiste parisien, qui riait des arguments de ceux qui cherchaient devant lui le moyen de rendre l'ouvrier propriétaire de sa petite maison, était fidèle à sa croyance ; car on doit refuser de faire des propriétaires quand on ne croit pas à la propriété. Mais nous qui croyons hautement au capital et à la propriété, comme aux deux seuls moyens du relèvement social, nous devons admettre que c'est un des devoirs de l'État que d'étendre sa sollicitude sur tout ce qui conduit à l'épargne et sur ce qui tend à augmenter le capital national. L'épargne prend beaucoup de formes ; il y a des caisses d'épargne de bien des espèces ; elles varient dans leur constitution avec le mode d'emploi des petits capitaux qu'elles accumulent. La forme de l'épargne la plus essentielle, celle qu'on pourrait appeler la cellule originaire autour de laquelle toutes les organisations vouées à l'épargne peuvent successivement se grouper, c'est la société de secours mutuels. L'État doit avoir la préoccupation constante des caisses d'épargne et des sociétés de secours mutuels ; il peut au besoin leur prêter le secours de son organisation administrative, il n'y a là rien qui doive effrayer un économiste; mais c'est à la condition de respecter la liberté individuelle et de ne rien faire pour diminuer la confiance des citoyens dans la puissance de leur action personnelle, car nous serons toujours prêts à répéter ce que disait M. Goschen en terminant son discours d'Édimbourg :

« Si nous avons appris quelque chose de l'histoire, nous pouvons dire que la confiance de l'individu en lui-même et le respect par l'État de la liberté naturelle sont les conditions nécessaires de la force des États, de la prospérité des sociétés et de la grandeur des peuples. »

FIN

TABLE

BOURLOTON. — Imprimeries réunies, A, rue Mignon, 2, Paris.

www.ingramcontent.com/pod-product-compliance
Ingram Content Group UK Ltd.
Pitfield, Milton Keynes, MK11 3LW, UK
UKHW022050190726
13855UKWH00002B/462

9 782013 440905